Gabriele Richter
Manfred Richter

Interessantes
Kurioses
Wissenswertes

Ein landeskundliches
Lese- und Übungsbuch

Verlag für Deutsch

Zu diesem Lese- und Übungsbuch gibt es
eine Audiocassette mit der Aufnahme
einiger ausgewählter Texte (Best.-Nr. 776-7).

5.	4.	3.	2.	1.		Die letzten Ziffern
1998	97	96	95	94		bezeichnen Zahl und Jahr des Druckes.

Alle Drucke dieser Auflage können, da unverändert,
nebeneinander benutzt werden.

1. Auflage
© 1994 Verlag für Deutsch, D-85737 Ismaning
Satz: VfD, Ismaning
Druck: Druckerei Reiff, München
Printed in Germany
ISBN 3-88532-775-9

Inhalt

* Texte auf Cassette

* Texte auf Cassette

Vorwort

Liebe Deutschlerner!

In diesem Lese- und Übungsbuch möchten wir Sie mit der Bundesrepublik Deutschland bekannt machen, Wissenswertes und Nichtalltägliches unterhaltsam präsentieren. Wir tun das auf unsere Weise, anders, als Sie es vielleicht gewöhnt sind. Erwarten Sie also keine umfassenden Informationen über alle Lebensbereiche dieses Landes.

In 50 kurzen und leicht verständlichen Texten lesen Sie etwas über Sitten und Bräuche und von bekannten Persönlichkeiten der deutschen Geschichte. Sie lernen einige Städte und Landschaften kennen sowie verschiedene Sagen und Legenden. Schließlich erfahren Sie noch einige kuriose Dinge, die Sie bestimmt erstaunen werden.

Wenn Sie Grundkenntnisse in der deutschen Sprache erworben haben, werden Sie die sprachlich einfachen Texte verstehen können. Trotzdem kann es nötig werden, hier und da das Wörterbuch zu Rate zu ziehen.

Wir haben (trotz einiger Schwierigkeiten) jeden Text einem ganz bestimmten Ort auf der Landkarte zugewiesen und so eine Deutschlandtour für Sie zusammengestellt. Sie müssen beim Lesen aber nicht der vorgeschlagenen Route durch das Land folgen, sondern können die Texte auswählen, die Sie besonders interessieren.

Wir möchten Ihnen raten, die Texte laut zu lesen. Wenn Sie alles verstanden haben, sollten Sie die anschließenden Aufgaben und Übungen möglichst sprechend realisieren. Auf diese Weise erweitern Sie nicht nur Ihr Wissen über Land und Leute, sondern erweisen auch Ihrer Sprechfertigkeit einen guten Dienst. Für die mit einem L gekennzeichneten Aufgaben finden Sie im Anhang Lösungsvorschläge. Sie können das Buch also auch gut im Selbststudium verwenden.

Wir wünschen Ihnen viel Freude und Erfolg!

Die Autoren

Themenübersicht

Von Städten und Landschaften

Am Schwäbischen Meer (15)
Das Schloß auf dem Weinberg (47)
Der oder das Fichtelberg? (20)
Die Wege der Quadriga (43)
Ein Fels im Meer (1)
Ein Spiegelbild deutscher Geschichte (23)
Ein Urwald in Deutschland? (19)
Eine Perle Sachsens (32)
Mit dem Kahn zur Hochzeit (42)
Zwei geheimnisvolle Bauwerke (34)

Über Persönlichkeiten der Geschichte

Der Vater der deutschen Rechtschreibung (22)
Ein Berliner Original (44)
Ein großer Erfinder (17)
Ein Nobelpreisträger (46)
Ein Wegbereiter der Neuzeit (12)
Eine Frau mit Doktorhut (27)
Es war einmal ... (24)
Nicht Bach, Meer sollte er heißen (38)
Von bleibendem Wert (6)
Wer war das? (29)
Wie ein Vogel in die Lüfte steigen (48)
Zahlen waren seine Welt (25)

Alltägliches

Die Säulen des Herrn Litfaß (46)
Edelweiß im Erzgebirge (30)
Ein neues Hobby (13)
„Kuckuck, Kuckuck ...“ (14)
Mittelpunkte (21)
Nach Amerika 1 Kilometer (36)
Rohstoffe für die Blauen Schwerter (35)
Wie in alten Zeiten (2)

Abkürzungen

bes.	besonders
ca.	circa, ungefähr
cm	Zentimeter
d. h.	das heißt
dt.	deutsch
ha	Hektar
Jh.	Jahrhundert
km	Kilometer
km^2	Quadratkilometer
m	Meter
Mill.	Million(en)
mm	Millimeter
Sprw.	Sprichwort
u. a.	unter anderen (-m)
	und andere (-s)
usw.	und so weiter
v. Chr.	vor Christus
z.B.	zum Beispiel

1. Ein Fels im Meer

Helgoland

In der Deutschen Bucht, etwa 70 Kilometer von der deutschen Nordseeküste entfernt, ragt ein hoher roter Felsen aus dem Meer. Er wird die „Lange Anna" genannt und ist das Wahrzeichen der Insel Helgoland.

Diese Insel hat eine wechselvolle Geschichte. Im Mittelalter war sie ein Zufluchtsort für Piraten. 1714 nahmen die Dänen die Insel in ihren Besitz. Gut hundert Jahre später gehörte sie dann den Engländern. 1890 wurde Helgoland im Tausch gegen die Insel Sansibar deutsch. Nach dem Zweiten Weltkrieg diente sie den Briten als Übungsziel für ihre Luftwaffe. 1952 konnten die Bewohner, die die Insel während des Krieges verlassen mußten, dorthin zurückkehren.

Heute ist Helgoland ein Urlauber- und Ferienparadies. Die Insel hat ihren Gästen viel zu bieten: einen schneeweißen Strand, gesundes Meeresklima, staubfreie Luft und sauberes Wasser.

Wer nicht nur faul in der Sonne liegen möchte, kann auf der etwa zwei Quadratkilometer großen Insel viel Interessantes entdecken und beobachten, z. B. im Aquarium, auf der Vogelwarte oder im Naturschutzgebiet rund um den roten Felsen. Beliebt bei den Helgolandbesuchern ist eine Bootsfahrt um die Insel herum, am herrlichen Strand entlang und vorbei an der „Langen Anna".

Der Dichter Hoffmann von Fallersleben (1798–1874) schrieb 1841 auf Helgoland das „Lied der Deutschen", den Text der Nationalhymne.

Vor allem Städte haben ein **Wahrzeichen**, z. B. Berlin das Brandenburger Tor, Köln den Dom und Paris den Eiffelturm.

Piraten waren Seeräuber, die friedliche Handelsschiffe überfielen und ihre Beute (das, was sie geraubt hatten) in ihre **Zufluchtsorte** (dort, wo sie sich sicher fühlten) brachten.

Die Helgoländer **Vogelwarte** ist eine Forschungs- und Beobachtungsstation für die zahlreichen seltenen Vögel, die auf der Insel nisten oder bei ihrem Flug in den Süden Station machen.

I Zur Ergänzung	Geben Sie mit Hilfe dieser Notizen aus dem Lexikon weitere Auskünfte über Helgoland.

> **Helgoland**
>
> 1900 Einwohner – zum Bundesland Schleswig-Holstein gehörend – Oberland bis 58 m hoch – Unterland mit Strand und Hafenanlage – Felsen „Lange Anna" aus rotem Sandstein – staatliches Heilbad – Meerwasserbad (27° C)

II Besitzverhältnisse	Der Text spricht von einer „wechselvollen Geschichte" der Insel Helgoland. Können Sie mit Hilfe der folgenden Jahreszahlen etwas darüber berichten? Am besten, Sie machen sich vorher ein paar Notizen.

> Mittelalter – 1714 – 1815 – 1890 – 1945 bis 1952 – seit 1952

III Urlaub 〔L〕	Können Sie einen Werbeprospekt für Helgoland schreiben? Gehen Sie dabei auf folgende Punkte ein: 1. bequeme Schiffe zur Überfahrt 2. erholsamer Aufenthalt: Strand, Klima, Luft, Wasser 3. faul in der Sonne liegen und baden 4. Wanderungen auf der zwei Quadratkilometer großen Insel 5. Interessantes: Aquarium, Vogelwarte, Naturschutzgebiet 6. Bootsfahrt um die Insel herum

2. Wie in alten Zeiten

Ein Tante-Emma-Laden in Ostfriesland

In dem kleinen ostfriesischen Dorf Uttum scheint die Welt stehengeblieben. Dort findet man in einer schmalen Gasse noch einen „Tante-Emma-Laden", von denen es in Deutschland nicht mehr viele gibt.

Geht man durch die Ladentür, glaubt man, in einer Welt von gestern zu sein. Hinter dem Ladentisch, auf dem Gläser mit Bonbons, eine alte Waage und eine Kasse Platz finden, stehen die beiden Schwestern Etta (71 Jahre) und Foelkea (75 Jahre) und bedienen ihre Kunden. Wünscht jemand ein Kilo Zucker, Salz, Erbsen oder Linsen, so ziehen die Verkäuferinnen große Schubfächer auf und füllen das Gewünschte in Papiertüten.

Ein Tante-Emma-Laden ist ein Geschäft, wie es früher üblich war, als es noch keine Supermärkte, Kaufhallen oder Einkaufscenter gab.

Die Tür des alten Ladens in Uttum steht den ganzen Tag über kaum still. Die Einwohner des Dorfes kaufen nicht nur das Nötigste, sondern – auch das gehört zu einem Tante-Emma-Laden – halten dort ihr Schwätzchen.

Die beiden Frauen wollen das Geschäft, das vor 120 Jahren ihr Großvater gegründet hat, noch so lange weiterführen, wie es ihre Gesundheit erlaubt.

Ostfriesland ist eine norddeutsche Küstenlandschaft zwischen den Flußmündungen der Ems und Weser. Bekannte Städte in Ostfriesland sind Emden, Aurich, Leer u. a.

Zu einer kleinen gemütlichen Unterhaltung sagt man umgangssprachlich **ein Schwätzchen halten**.

I Beschreibung	Was ist nun ein Tante-Emma-Laden? Beschreiben Sie ihn in wenigen Sätzen.

> hinter dem Ladentisch – auf dem Ladentisch – Schubfächer an der Wand –
> Zucker, Salz, Erbsen usw. – Papiertüten – ein Schwätzchen halten

II Gegensätze	Als Gegensatz zum Tante-Emma-Laden wurden Supermarkt, Kaufhalle oder Einkaufscenter genannt. Was ist dort anders? Hier sind einige Stichpunkte zu Ihrer Auswahl:

> Selbstbedienung – Einkaufswagen – lange Regale – verpackte Waren – großes
> Sortiment – Preisangaben – Waren des täglichen Gebrauchs – oft auch Haushalts- und Schreibwaren – Obst und Gemüse – vielfach sogar eigene Bäckerei
> und Fleischerei – Angebot an Tiefkühlwaren – Kasse mit Transportband

III Ein Einkauf L	Sie brauchen ein Geschenk und gehen in ein Geschäft für Uhren und Schmuckwaren. Ergänzen Sie das Gespräch zwischen Verkäufer und Kunden.

Verkäufer:
     Kunde:

– Was darf es sein bitte?
    – ...

– Für einen Herrn oder eine Dame?
    – ...

– Dachten Sie an eine Uhr oder an ein Schmuckstück?
    – ...

– Wir haben sehr schöne Halsketten ...
    – ...

– Dann vielleicht einen Ring?
    – ...

– Die kosten zwischen 38,– und 280,– DM.
    – ...

– Nur 79,– DM. Der ist wirklich sehr schön und auch preiswert.
    – ...

– Darf es sonst noch etwas sein?
    – ...

– Dann zahlen Sie bitte dort an der Kasse! Vielen Dank und auf Wiedersehen!
    – ...

3. Scherben bringen Glück

Der Polterabend

Wenn am Abend vor einem Haus Geschirr zerschlagen wird, dann weiß man: Hier gibt es in den nächsten Tagen eine Hochzeit. Das Brautpaar versammelt sich mit den Familienangehörigen und Freunden der Braut und des Bräutigams zur Hochzeitsvorfeier. Es wird getanzt, getrunken und gescherzt und Abschied vom Junggesellenleben genommen. Diese Vorfeier ist der Polterabend.

Wenn es dunkel wird, geht das Poltern vor der Haus- oder Wohnungstür los. Nachbarn und Freunde haben schon lange ihr unbrauchbares Geschirr gesammelt, das nun mit viel Lärm und Hallo zerschlagen wird. Damit sollen nach altem Brauch einerseits die bösen Geister vertrieben und andererseits soll dem Brautpaar Glück gewünscht werden. „Scherben bringen Glück", heißt es im Sprichwort.

Aber Vorsicht! Glas sollte dabei keines zerbrochen werden, denn ein anderes Sprichwort sagt: „Glück und Glas, wie leicht bricht das."

Ist das Poltern vorbei, kommt das Brautpaar an die Reihe. Es muß allein und ohne Hilfe die Scherben wegräumen. Der Bräutigam wird dabei von seinen Freunden und Bekannten besonders unter die Lupe genommen, denn bei dieser ersten gemeinsamen Arbeit mit seiner zukünftigen Frau muß er zeigen, daß er wirklich heiratsfähig ist.

Zum **Geschirr** gehören Teller, Tassen, Schüsseln usw., gewöhnlich aus Porzellan.

Scherben gibt es, wenn Geschirr oder Glas herunterfällt und zerbricht.

Wird Porzellan absichtlich und wiederholt zerschlagen, dann nennt man das **poltern** und den Anlaß **Polterabend**.

Böse Geister waren nach früherem Glauben überirdische Wesen, die Unglück, Krankheit usw. brachten. Sie konnten nach altem Glauben durch Lärm vertrieben werden.

Mit der Redewendung **jemanden/etwas unter die Lupe nehmen** meint man, jemanden/etwas besonders genau betrachten.

<table>
<tr>
<td>

I

Aufgepaßt!

L
</td>
<td>

Wenn Sie die folgenden Sätze etwas genauer *unter die Lupe nehmen,* werden Sie inhaltliche Fehler entdecken. Sagen Sie es richtig.

1. Am Hochzeitstag wird vor dem Haus der Braut Geschirr zerschlagen.
2. Am Abend vor der Hochzeit nehmen Braut und Bräutigam in aller Stille Abschied von ihren Familien.
3. Zum Polterabend zerschlagen Braut und Bräutigam ihr neues Geschirr und wünschen sich dabei gegenseitig Glück.
4. Der Bräutigam muß der Braut zusehen, wie sie anschließend die Scherben allein wegräumt.
5. Im Sprichwort heißt es: „Glück und Glas, wie laut bricht das."
</td>
</tr>
<tr>
<td>

II

Rund ums

Heiraten
</td>
<td>

Im Text finden Sie wenigstens zehn Wörter, die inhaltlich zum Bereich „Hochzeit" gehören. Können Sie diese Wörter aufschreiben und in je einem Satz erklären? z. B. *Polterabend*: Der Polterabend findet in den Tagen vor der Hochzeit statt.
</td>
</tr>
<tr>
<td>

III

Allerlei Lärm

und Hallo
</td>
<td>

Die folgenden unpersönlichen Aussagen können Sie sicher genauer erläutern. Wer tut was? Wann? Warum? Wie geschieht das?

1. Geschirr wird zerschlagen.
2. Es wird getanzt, getrunken und gescherzt.
3. Unglück und Krankheit sollen vertrieben werden.
4. Es wird Glück gewünscht.
5. Scherben werden weggeräumt.
6. Jemand wird unter die Lupe genommen.
</td>
</tr>
</table>

4. Wie ein Pfingstochse

Von einem alten Pfingstbrauch

Pfingsten liegt fünfzig Tage nach Ostern und ist seit dem dritten Jahrhundert ein religiöses Fest. Es gilt als Gründungstag der christlichen Religion. Aus diesem Anlaß finden Festgottesdienste und Prozessionen statt.

Zur Pfingstzeit ist die Natur voll erblüht. Daher nutzen viele Familien die freien Tage zu einem Pfingstausflug. Das Fest ist aber nicht so reich an Sitten und Bräuchen wie z. B. Ostern oder Weihnachten.

Von einem Brauch aus dem Weserbergland wollen wir berichten: Dort führte kurz vor Pfingsten der Fleischermeister mit seinen Gesellen einen Ochsen durchs Dorf. Das Tier war mit Blumengirlanden geschmückt, die Fleischer trugen saubere Berufskleidung. Am Straßenrand standen die Dorfbewohner und besahen sich den Pfingstochsen ganz genau. Es durfte kein altersschwaches Tier sein, denn es war ja ihr Festbraten. Dieser Brauch ist in den dreißiger Jahren wieder verschwunden, denn in dieser Notzeit konnten sich die Bauern im Weserbergland auch zu Pfingsten keinen Festbraten leisten.

Auch im Alpengebiet ist der Pfingstochse bekannt. Dort führt ein blumengeschmückter Ochse seine Herde durchs Dorf den Weg zur Alm hinauf.

Das sprachliche Bild „aussehen wie ein Pfingstochse" gebrauchen wir heute salopp für jemanden, der viel zu bunt und auffällig gekleidet ist.

Die Bibel berichtet, daß die Apostel zu Pfingsten vom „Heiligen Geist" erleuchtet wurden, und sie begannen, die **christliche Religion** zu verbreiten.

Das **Weserbergland** finden Sie auf der Karte südlich von Hannover. Es ist das Gebiet links und rechts der Weser.

Girlanden sind Blumen- oder Papierketten. Mit ihnen schmückt man an besonderen Tagen Häuser, Straßen, Wagen u. a.

Im Frühjahr werden in den Alpen die Kühe auf hochgelegene Wiesen, auf eine **Alm** getrieben. Dort bleiben sie bis zum Herbst. Man spricht vom Viehauftrieb und Viehabtrieb.

I
Aus dem Text

Möchten Sie Ihren Freunden etwas über Pfingsten und den Pfingstochsen erzählen? Hier sind einige Gedanken dazu:

> ein religiöses Fest – die freien Tage nutzen – einen blumengeschmückten Ochsen vorführen – die Herde auf die Alm führen – das sprachliche Bild vom Pfingstochsen

II
Korrekturen

Was ist falsch? Sagen Sie es richtig.
1. Zu Pfingsten bleiben die Familien gern zu Hause, denn die Natur ist noch wenig erblüht.
2. Das Pfingstfest ist seit Jahrtausenden als religiöses Fest bekannt.
3. Pfingsten ist genauso reich an Sitten und Bräuchen wie Ostern oder Weihnachten.
4. Im Weserbergland pflegt man heute noch den Brauch, einen Pfingstochsen durchs Dorf zu führen.
5. Das Bild vom Pfingstochsen gebrauchen wir heute gern für besonders attraktiv und modisch gekleidete Menschen.

III
Feiertage
[L]

Hier mal etwas Grammatisches:
Die Wörter *Ostern*, *Pfingsten* und *Weihnachten* stehen in der Regel ohne Artikel. Im folgenden Text fehlen die Präpositionen *vor – zu – nach*.
1. Die Woche ____ Pfingsten ist die Pfingstwoche.
2. Da werden Pläne gemacht, denn ____ Pfingsten geht es hinaus ins Grüne.
3. Manche nehmen auch ____ oder ____ Pfingsten ein paar Tage Urlaub.
4. Das lohnt sich, weil ja auch der Montag ____ Pfingsten arbeitsfrei ist.
5. Geschenke sind ____ Pfingsten nicht üblich.
6. Aber wenn man sich kurz ____ Pfingsten verabschiedet, wünscht man sich gewöhnlich „Frohe Pfingsten!"
7. Und am Tag ____ Pfingsten hört man oft die Frage: „Na, wie hast du Pfingsten verlebt?"

Übrigens: Was heißt das wohl, wenn jemand sagt: „Das passiert höchstens, wenn Ostern und Pfingsten auf einen Tag fallen"?

5. Die Rache des Spielmanns

Der Rattenfänger von Hameln

Um das Jahr 1280 soll ein Spielmann nach Hameln, einer Stadt an der Weser, gekommen sein und angeboten haben, die Stadt von allen Mäusen und Ratten zu be-
freien. Er forderte dafür einen guten Lohn. Die Ratsherren waren einverstanden.
Nun ging der Spielmann durch alle Gassen und spielte auf seiner Pfeife. Da kamen die Mäuse und Ratten aus den Häusern und liefen hinter ihm her. Der Spielmann zog hinaus vor die Stadt, stieg in den Fluß und die Tiere ertranken. Die Ratsherren waren zufrieden, gaben dem Mann aber nur die Hälfte des versprochenen
Lohnes. Der Spielmann soll darauf sehr böse davongegangen sein.
Einige Zeit später, so berichtet die Sage weiter, soll ein Jäger nach Hameln gekommen sein. Auch er nahm eine Pfeife aus der Tasche und ging pfeifend durch
die Stadt. Bei ihm liefen die Kinder hinterher. Er zog mit der ganzen Kinderschar
hinaus vor die Tore der Stadt bis zum Koppelberg. Der Berg soll sich geöffnet haben, und die Kinder und der Jäger wurden nie wieder gesehen.
Da wußten die traurigen Eltern und die Ratsherren: Das war die Rache des Spiel-
manns. Überall im Lande kennt man heute den „Rattenfänger von Hameln".

Einen **Spielmann** nannte man im Mittelalter jemanden, der von Ort zu Ort zog
und zum Tanz aufspielte oder auch zu anderen Gelegenheiten Musik machte.
Nach **Hameln** kommen Sie, wenn Sie von Hannover aus südwestwärts bis zur
Weser fahren.
Mäuse und **Ratten** sind kleine Nagetiere, die heute noch, vor allem in der Land-
wirtschaft, großen Schaden anrichten.
Die engen Straßen in den mittelalterlichen Städten nannte man **Gassen**. Man fin-
det dieses Wort noch in Straßennamen alter Städte, z. B. Weingasse, Berggasse,
Fleischergasse usw.

I Was man so sagt und erzählt	Der Rattenfänger *soll* um 1280 in Hameln *gewesen sein*. Erzählen Sie, was noch alles in Hameln *passiert sein soll*. 1. durch alle Gassen gelaufen 2. auf einer Pfeife gespielt 3. Ratten und Mäuse ihm gefolgt 4. bis an den Fluß gegangen 5. alle Tiere in der Weser ertrunken 6. später als Jäger zurückgekommen 7. die Kinder ihm nachgelaufen 8. Kinder und Jäger im Berg verschwunden
II Was meinen Sie?	Können Sie vielleicht erklären, 1. warum der Spielmann gerade nach Hameln gegangen ist? 2. warum ihm die Ratsherren guten Lohn versprochen haben? 3. warum sie ihm dann nur die Hälfte gegeben haben? 4. warum die Kinder ihm nachgelaufen sind? 5. warum der Rattenfänger bis heute in Hameln unvergessen ist?
III Der Rattenfänger von Hameln	Erzählen Sie die Sage. Vielleicht brauchen Sie unsere Hilfe ja gar nicht?

> um 1280 ein Spielmann nach Hameln – alle Mäuse und Ratten – guter Lohn – mit der Pfeife durch alle Gassen – Mäuse und Ratten aus allen Häusern – zur Weser – die Tiere im Fluß ertrunken – die Ratsherren nur den halben Lohn – die Stadt verlassen – später als Jäger zurückgekommen – mit der Pfeife durch die Gassen – die Kinder ihm gefolgt – im Koppelberg verschwunden – Hameln bekannt durch die Rattenfängersage

6. Von bleibendem Wert

Annette von Droste-Hülshoff

Die deutsche Dichterin Annette von Droste-Hülshoff ist nicht so bekannt wie vielleicht Goethe, Schiller oder Heine. Viele Menschen kennen ihren Namen überhaupt nicht, und doch tragen sie das Bild der Dichterin bei sich. Ihr Porträt ist auf dem neuen 20 DM-Schein abgebildet.

Annette von Droste-Hülshoff ist eine der bedeutendsten deutschen Dichterinnen. Sie lebte von 1797 bis 1848 und war in Westfalen zu Hause. Wie sehr sie ihrer Heimat verbunden war, spiegeln einige ihrer Gedichte wider, die in den Bänden „Bilder aus Westfalen" und „Heimatbilder" erschienen sind.

Von Droste-Hülshoff stammen die Worte: „Ich mag und will jetzt nicht berühmt werden, aber nach hundert Jahren möchte ich gelesen werden."

Die Dichterin zweifelte oft an ihren Fähigkeiten. Und doch zählen heute ihre phantasievollen Balladen und ihre realistische Naturlyrik zu den schönsten deutschen Gedichten.

Einige Leser werden die Erzählung „Die Judenbuche" von Droste-Hülshoff kennen. Diese Novelle ist eine der ersten deutschen Kriminalgeschichten. Sie wird heute noch nach über hundertfünfzig Jahren – wie auch viele ihrer Gedichte – oft gelesen. Der Wunsch der Dichterin wurde also Wirklichkeit.

Nun ist sie sogar auf einem Geldschein verewigt und im doppelten Sinn von „bleibendem Wert".

Ein **Porträt** ist ein Kopf- oder Brustbild einer Person.
Eine **Ballade** ist ein Gedicht, das eine Handlung dramatisch beschreibt.
Westfalen ist ein Gebiet innerhalb des Bundeslandes Nordrhein-Westfalen. Es liegt im Nordwesten Deutschlands. Bekannt sind Münster, Bielefeld und das Ruhrgebiet.
In der „**Judenbuche**" beschreibt Droste-Hülshoff einen authentischen Fall: Ein Mann, der einen Juden getötet hat, flieht und lebt in Afrika als Sklave. Nach der Rückkehr in seine Heimat findet er keine innere Ruhe und erhängt sich.

I	Versuchen Sie die folgenden Attribute durch andere sprachliche Mittel wiederzu-

I
Attribute
☐L

Versuchen Sie die folgenden Attribute durch andere sprachliche Mittel wiederzugeben.

1. ein *weitgehend unbekannter* Name
2. *eine der bedeutendsten deutschen* Dichterinnen
3. ihre *phantasievollen* Balladen
4. ihre *realistische* Naturlyrik
5. *eine der ersten deutschen* Kriminalgeschichten
6. von *bleibendem* Wert

II
Zusammen-
fassung

Geben Sie in wenigen Sätzen wieder, was Sie über Annette von Droste-Hülshoff gelesen haben.

> weitgehend unbekannt – ihr Bildnis auf einem Geldschein – bedeutendste deutsche Dichterin (1797 bis 1848) – Heimat Westfalen – Wunsch, nicht berühmt, aber in hundert Jahren gelesen zu werden – Balladen, Naturlyrik, Kriminalerzählung „Die Judenbuche" – Gedichte, Erzählung noch heute oft gelesen

III
Über Literatur
☐L

Wie gut kennen Sie sich in der deutschen Literatur aus?
Vielleicht können Sie einige der literarischen Werke (links) ihren Autoren (rechts) zuordnen?
Sie sollten Ihre Kenntnisse in kurzen Sätzen formulieren, z. B.: X schrieb das Gedicht Y. Von X stammt der Roman Y. X ist ein Schauspiel von Y ...

1. „Faust" (Drama)	– Friedrich Schiller
2. „Die Judenbuche" (Erzählung)	– Thomas Mann
3. „Die Glocke" (Ballade)	– Gebrüder Grimm
4. „Die Buddenbrooks" (Roman)	– Johann Wolfgang von Goethe
5. „Mutter Courage" (Schauspiel)	– Annette von Droste-Hülshoff
6. „Schneewittchen" (Märchen)	– Bertolt Brecht
7. „Effi Briest" (Roman)	– Theodor Fontane

7. Der Bund fürs Leben?

Hochzeitsbräuche

Immer wieder geben sich Hochzeitspaare auf dem Standesamt und vor dem Traualtar das Jawort und versprechen sich „ewige Liebe und Treue". Sie schließen den Bund fürs Leben, wie die Ehe gern genannt wird.

Verbunden mit dem Heiraten sind zahlreiche Bräuche. Beliebt ist die weiße Hochzeitskutsche, mit der das Brautpaar zum Standesamt und zur Kirche fährt. Mancherorts wird das junge Paar nach der Trauung mit Linsen beworfen. Damit wünscht man ihm reichen Kindersegen. Oder Braut und Bräutigam müssen vor dem Standesamt einen Holzstamm zersägen, bevor sie in die Kutsche steigen. In vielen Gegenden versperren Kinder dem Brautpaar den Weg, den sie nur freigeben, wenn der Bräutigam Münzen auf die Straße wirft. Zu Hause angekommen, trägt der Ehemann seine Frau über die Schwelle des Hauses.

Alle diese Bräuche bringen den Wunsch nach einem glücklichen gemeinsamen Leben zum Ausdruck.

Ob die Eheschließung aber wirklich ein Bund fürs Leben ist, das garantieren weder die Unterschrift noch das Jawort auf dem Standesamt und in der Kirche. Alle guten Wünsche und Versprechungen können nicht verhindern, daß heute jede dritte Ehe wieder geschieden wird. Viele heiraten nach der Scheidung trotzdem ein zweites, oft sogar ein drittes Mal.

Das **Standesamt** ist eine Abteilung im Rathaus, auf der Eheschließungen vorgenommen und z. B. auch Geburten angemeldet werden.

Die kirchliche Trauung findet vor dem Altar in der Kirche, dem **Traualtar**, statt.

Sich das Jawort geben ist eine Wendung für „heiraten". Braut und Bräutigam antworten auf dem Standesamt bzw. in der Kirche auf die entsprechenden Fragen mit „ja".

Eine **Kutsche** ist ein Wagen, der von Pferden gezogen wird und früher ein wichtiges Beförderungsmittel war, wie z. B. die Postkutsche. Die weiße **Hochzeitskutsche** wird meist auch von zwei weißen Pferden gezogen.

Die Trennung einer Ehe, die **Ehescheidung**, wird nur von einem Gericht ausgesprochen, nicht vom Standesamt.

I
Synonyme

Für das Wort *heiraten* kennt die deutsche Sprache zahlreiche Wendungen, z. B.
- sich das Jawort geben
- sich trauen lassen
- die Ehe schließen
- sich ewige Liebe und Treue versprechen
- den Bund fürs Leben schließen
- vor den Traualtar treten

Auch für Paare gibt es unterschiedliche Bezeichnungen, z. B.
- das Hochzeitspaar
- das Brautpaar
- Braut und Bräutigam
- Mann und Frau
- ...

Versuchen Sie jetzt, den Text auf der vorigen Seite mit Hilfe von Synonymen umzubauen, ohne den Sinn zu verändern.

II
Definitionen
[L]

Können Sie die folgenden Begriffe wie im Beispiel erklären?
Ein Hochzeitspaar sind Mann und Frau, die sich trauen lassen.
1. Eine Hochzeitskutsche ist ein Fahrzeug, mit ...
2. Ein Hochzeitsstrauß sind Blumen, ...
3. Ein Hochzeitskleid ist ein Kleidungsstück, ...
4. Hochzeitsgeschenke sind Dinge, ...
5. Die Hochzeitsreise ist eine Fahrt, ...
6. Hochzeitsgäste sind Verwandte und Freunde, ...

III
Bräuche

Im Text haben Sie Bräuche zur Hochzeit kennengelernt. Können Sie die folgenden Stichpunkte näher erklären?
1. mit der Kutsche fahren
2. mit Linsen bewerfen
3. einen Holzstamm zersägen
4. den Weg versperren
5. die Frau über die Schwelle des Hauses tragen

Ganz bestimmt kennen Sie weitere Hochzeitsbräuche, die in Ihrer Heimat üblich sind. Erzählen Sie!

8. Am Aschermittwoch ist alles vorbei

Karneval/Fasching

Karneval, auch Fasching genannt, ist die närrische Zeit des Jahres. Sie beginnt am 11.11. um 11:11 Uhr und endet am Aschermittwoch. Die Heimat des deutschen Karnevals ist das Rheinland. Von dort verbreitete sich dieser Volksbrauch über Thüringen und Sachsen.

Zahlreiche Karnevalsvereine im ganzen Land pflegen ihre Traditionen. Auf ihren Veranstaltungen wird getanzt, gesungen, gelacht und viel getrunken. In der närrischen Zeit regiert Prinz Karneval, er zieht sogar symbolisch ins Rathaus ein. Ihm zur Seite stehen die Karnevalsprinzessin und der Elferrat.

Äußeres Zeichen ist die Narrenkappe. Wer sie trägt, genießt Narrenfreiheit. Er darf als Büttenredner alles sagen, und keiner ist ihm böse. Natürlich werden bei Karnevalsveranstaltungen vor allem Politiker auf die Schippe genommen.

Am Rosenmontag findet der Karnevalsumzug statt. Die Straßen sind voller Menschen. Stundenlang ziehen geschmückte Wagen vorbei, und die Zuschauer erfreuen sich an deren Dekorationen mit den satirischen, spöttischen Figuren. Von den Wagen werden tonnenweise Bonbons, Schokolade und Blumen in die jubelnde Menge geworfen.

Am Fastnachtsdienstag wird noch einmal tüchtig gefeiert, und „am Aschermittwoch, da ist alles vorbei", wie es in einem Karnevalslied heißt.

Der **Narr** ist ein Spaßmacher, z. B. früher am Hof des Königs. Er besaß Narrenfreiheit, d. h., er war oftmals der einzige, der alles sagen durfte, was ihm einfiel.

In der **närrischen Zeit** möchte man die Regeln des Alltags übertreten und närrische Späße treiben.

Fastnacht ist der letzte Tag der närrischen Zeit. Am Aschermittwoch beginnt dann (für die Katholiken) die Fastenzeit, die vierzigtägige Vorbereitungszeit auf Ostern.

Der **Elferrat** besteht aus elf närrischen Helfern, die während der gesamten Karnevalszeit dem Karnevalsprinzen Hilfe leisten.

Eine **Narrenkappe** sehen Sie im Bild. Sie kann – je nach Ausführung – sehr teuer sein.

Früher nannte man ein Faß eine **Bütt(e).** Wer beim Karneval etwas vorzutragen hat, tritt in die Bütt, die hier eine Art Rednerpult ist.

Vorsicht! Wenn man Sie **auf die Schippe nimmt** (Redewendung), macht man sich über Sie lustig, hält Sie zum Narren.

Der **Rosenmontag**, der Tag vor Fastnacht, ist der Höhepunkt der Karnevalszeit, vor allem im Rheinland.

I
Narrenzeit

Können Sie Auskunft geben?
1. Welchen besonderen Wortschatz gibt es für die närrische Zeit?
2. Wann beginnt sie?
3. Gehört der Aschermittwoch dazu?
4. Wissen Sie, was eine Narrenkappe ist?
5. Es wird sogar von Narrenfreiheit gesprochen. Was ist das?
6. Wer gehört in der Faschingszeit zu den Narren?

II
Alles dreht sich
um den Karneval

Der Karneval begegnet uns in zahlreichen Wortzusammensetzungen, z. B. *der Karnevalsprinz.* Probieren Sie weitere Zusammensetzungen, und wenden Sie sie in Sätzen an.
1. die Vereine und ihre Traditionen
2. zahlreiche Veranstaltungen
3. die Prinzessin an der Seite des Prinzen
4. ein Umzug am Rosenmontag
5. große Stimmung unter den Gästen und Teilnehmern

III
Auch solche
Narren gibt es

Wir haben die Narren des Karnevals kennengelernt. Das Wort „Narr" hat aber auch noch eine andere Bedeutung. Aus den folgenden Sprichwörtern können Sie die zweite Bedeutung herausfinden:
1. Am Fragen erkennt man den Narren.
2. Der ist ein Narr, der arm lebt, um reich zu sterben.
3. Ein Narr antwortet, ehe er hört.
4. Ein Narr läßt sich nicht raten.
5. Kinder und Narren sagen die Wahrheit.
6. Wer nicht liebt Wein, Weib und Gesang,
   der bleibt ein Narr sein Leben lang.

9. Von fleißigen Riesen

Die Entstehung des Siebengebirges

Unsere Sage führt uns diesmal an den Rhein ins Siebengebirge. Sie berichtet, wie dieses Bergland nordöstlich von Bonn zu seinem Namen kam.

Wo sich heute die bekannten Höhen des Siebengebirges wie der Drachenfels, der Große Ölberg, der Petersberg oder das Rolandseck erheben, war der Sage nach vor vielen, vielen Jahren ein großer See. Er hatte sich gebildet, weil dem Rhein durch das Gebirge der Weg versperrt war.

Die Bewohner dieses Gebietes wollten das Wasser gern ableiten und dem Fluß freien Lauf geben. Aber sie schafften es nicht. Da baten sie die Riesen, die dort in den Wäldern wohnten, um Hilfe und versprachen ihnen guten Lohn.

Sieben Riesen machten sich an die Arbeit. Sie gruben mit ihren Spaten einen breiten Graben durch das Gebirge, und der Rhein konnte nun ungehindert dahinfließen. Die Bewohner waren zufrieden, dankten den fleißigen Helfern und belohnten sie reichlich.

Die Riesen kehrten in den Wald zurück. Aber bevor sie gingen, machten sie noch ihre Spaten sauber, jeder an einer anderen Stelle. Und so entstanden die sieben Berge, die dem Siebengebirge seinen Namen gegeben haben.

Der **Drachenfels** ist ein beliebtes Ausflugsziel bei Königswinter am Rhein. Wer nicht gut zu Fuß ist, kann mit der Zahnradbahn auf den 321 Meter hohen Berg hinauffahren.

Einen **Spaten** brauchen Sie auch heute noch, wenn Sie z. B. Ihren Garten umgraben wollen.

I Frage und Antwort	Bilden Sie Fragen mit Warum?/Wer?/Wie?/Wodurch?/Wann?/Wem?/Wofür? zu den folgenden Stichwörtern, und lassen Sie sich diese Fragen beantworten.

> einem Bergland seinen Namen geben – Berge erheben sich – ein See bildet sich – das Wasser ableiten – nicht allein schaffen – Riesen um Hilfe bitten – guten Lohn versprechen – sich an die Arbeit machen – den Rhein umleiten – mit der Arbeit zufrieden sein – reichlich belohnen – in den Wald zurückkehren – den Spaten saubermachen – sieben Berge entstehen

II Sie wissen sicher Bescheid	1. Wohin führt uns die Sage von den fleißigen Riesen? 2. Wodurch war dort ein großer See entstanden? 3. Wie wollten sich die Bewohner helfen? 4. Welches Ergebnis hatten ihre Bemühungen? 5. Wie ist dann der Name des Gebirges entstanden?

III Eine schwierige Aufgabe	Geben Sie jetzt den Text (die Sage) mit Hilfe der folgenden Gliederung wieder. 1. der Ort 2. das Problem 3. der Versuch 4. die Hilfe 5. das Ergebnis

10. „Sie kämmt ihr goldenes Haar.“

Die Loreley

Viele Sagen gibt es vom Rhein. Keine ist so bekannt wie die von der Loreley. Aus dem Rhein steigt ein steiler Felsen empor. Der Fluß ist dort schmaler, und das Wasser fließt schneller. Für Schiffe und Boote ist das eine gefährliche Stelle.

Die Sage berichtet, daß seit alten Zeiten eine schöne Nixe auf diesem Felsen lebt. Manchmal sitzt sie dort oben und kämmt sich im Abendsonnenschein ihr goldenes Haar. Dabei singt sie ihre Lieder. Und alle, die sie hören, sind von ihrer Stimme verzaubert.

Schon viele der vorüberfahrenden Schiffe und Boote sind am Felsen zerbrochen, weil die Schiffer und Fischer nur der Stimme lauschten und nach der schönen Nixe schauten, nicht aber den Kurs ihres Schiffes beachteten. Mancher Jüngling, so erzählt die Sage weiter, hat im Rhein den Tod gefunden, wenn er auf den Felsen klettern und der schönen Loreley nahe sein wollte.

Viele Dichter haben die Sage von der Loreley erzählt und ausgeschmückt. Am bekanntesten ist Heinrich Heines Gedicht, das zu einem beliebten Volkslied wurde. Noch heute blickt mancher Tourist hinauf auf den Felsen, aber keiner hat je wieder die Loreley gesehen.

Der **Loreley-Felsen** liegt am rechten Rheinufer, ca. 25 km rheinabwärts von der Stadt Bingen. Er ist 132 m hoch.

Nixen sind Wassergeister, halb Fisch, halb Mensch. Bekannt aus Märchen und Mythologie.

Verzaubern heißt hier, eine starke Wirkung ausüben, stark beeindrucken. (Stimme und Gestalt der Nixe wirkten wie ein Zauber.)

Sie haben die Sage mit ihren dichterischen Mitteln erweitert, ergänzt, **ausgeschmückt**.

I
Richtig oder
falsch?

L

In einigen der folgenden Sätze stimmt inhaltlich etwas nicht. Können Sie die Fehler finden und korrigieren?
1. Der Felsen am Rhein und die sagenhafte Nixe haben den gleichen Namen.
2. Der Rhein fließt 867 Kilometer durch Deutschland und mündet in die Ostsee.
3. Er ist nicht nur der längste, sondern auch der wichtigste deutsche Fluß.
4. Der Loreley-Felsen ist 231 Meter hoch.
5. Für die Schiffahrt war die Loreley-Passage früher sehr gefährlich.
6. Die Sage von der Loreley stammt von Heinrich Heine.
7. Auch heute noch können Touristen manchmal die Loreley auf dem Felsen sehen.

II
So ist es richtig!

Beschreiben Sie in kurzen Sätzen den Loreley-Felsen.

> 132 m hoch – am rechten Rheinufer – steil aus dem Fluß emporsteigen – den Fluß einengen – für Schiffe nicht ungefährlich – von Touristen gern besucht

III
Das Gedicht

Lesen Sie das Gedicht von Heinrich Heine, und erzählen Sie dann die Sage mit Ihren Worten.

Die Loreley

Ich weiß nicht, was soll es bedeuten,
daß ich so traurig bin;
ein Märchen aus alten Zeiten,
das kommt mir nicht aus dem Sinn.

Die Luft ist kühl, und es dunkelt,
und ruhig fließt der Rhein;
der Gipfel des Berges funkelt
im Abendsonnenschein.

Die schönste Jungfrau sitzet
dort oben wunderbar;
ihr goldnes Geschmeide* blitzet,
sie kämmt ihr goldenes Haar.

Sie kämmt es mit goldenem Kamme
und singt ein Lied dabei;
das hat eine wundersame,
gewaltige Melodei.**

Den Schiffer im kleinen Schiffe
ergreift es mit wildem Weh;***
er schaut nicht die Felsenriffe,
er schaut nur hinauf in die Höh'.

Ich glaube, die Wellen verschlingen
am Ende Schiffer und Kahn;
und das hat mit ihrem Singen
die Loreley getan.

* Schmuck
** Melodie
*** Leid/Kummer

11. Eine grausame Strafe

Der Mäuseturm in Bingen

Bei Bingen am Rhein steht mitten im Fluß ein Turm. Er wurde um das Jahr 1000 als Zollstation errichtet. Von diesem Turm gibt es eine Sage, eine sehr grausame Geschichte:

In Deutschland herrschte damals große Not. In dieser schweren Zeit lebte der Bischof Hatto von Mainz. Er war geizig, dachte nur an sich selbst und beachtete nicht die Not der Armen.

Eines Tages, als sich die Hungernden das Brot mit Gewalt nehmen wollten, rief er sie in eine Scheune vor der Stadt. Nachdem alle versammelt waren, ließ er Feuer legen, so daß die Menschen mit der Scheune verbrannten.

Die Strafe bekam der Bischof bald. Alle Mäuse der Stadt liefen zu seinem Haus, und er hatte keine ruhige Minute mehr. Da ließ er mitten im Rhein auf einer kleinen Insel einen Turm bauen und glaubte, dort vor den Mäusen sicher zu sein. Sie aber schwammen durch das Wasser und fraßen den geizigen und grausamen Bischof bei lebendigem Leibe auf. Seitdem hat Bingen seinen „Mäuseturm".

Er wurde übrigens 1855 neu gestaltet und dient als Signalturm für die Schiffe, die bei ihrer Rheinfahrt dort eine gefährliche Stelle passieren müssen.

Bingen ist eine Kleinstadt in Rheinland-Pfalz und hat heute ca. 25 000 Einwohner.

In einer **Scheune** lagert der Bauer sein Getreide, Stroh und Heu, manchmal auch landwirtschaftliche Geräte.

I
Eigenschaften

L

In den folgenden Sätzen können diese Adjektive ergänzt werden. Wählen Sie das jeweils passende aus.

arm – geizig – grausam – groß – hungrig – lebendig – ruhig

1. In Deutschland herrschte vor ca. 1 000 Jahren eine ___ Not.
2. In dieser Zeit lebte ein ___ Bischof.
3. Die ___ Bewohner litten Not und wollten sich ihr Brot mit Gewalt holen.
4. Da rief der ___ Bischof alle in eine Scheune vor der Stadt.
5. Er ließ Feuer legen, und die ___ Menschen verbrannten.
6. Die Mäuse ließen dem Bischof keine ___ Minute mehr.
7. Im Mäuseturm fraßen sie ihn bei ___ Leibe auf.

II
Hier stimmt
doch etwas nicht!

L

Wenn Sie den Text gut verstanden haben, werden Sie in den folgenden Sätzen die inhaltlichen Fehler entdecken und die Sätze neu formulieren können.

1. Mitten in Bingen am Rhein steht der Mäuseturm.
2. Er wurde 1855 gebaut, als in Deutschland große Not herrschte.
3. In dieser Zeit lebte auch der beliebte Bischof Hatto von Mainz.
4. Er rief eines Tages die hungrigen Bewohner der Stadt in eine Scheune und gab ihnen Brot.
5. Da brach ein großes Feuer aus, und alle Mäuse flohen in den Turm.
6. Heute heißt der Turm „Hatto von Mainz".

III
So ist es richtig

Erzählen Sie die Sage vom Mäuseturm.

1. bei Bingen – mitten im Rhein – ein Turm – um 1000 erbaut
2. damals große Not – Menschen hungrig
3. der Bischof Hatto von Mainz – geizig und grausam
4. die armen Bewohner – Brot mit Gewalt holen
5. der Bischof – die Bewohner in eine Scheune rufen
6. Feuer gelegt – alle verbrannt
7. die Mäuse – ins Haus des Bischofs – keine ruhige Minute
8. einen Turm im Fluß bauen
9. die Mäuse durchs Wasser – den Bischof aufgefressen
10. seitdem Mäuseturm

12. Ein Wegbereiter der Neuzeit

Johannes Gutenberg

Eine der ältesten Erfindungen der Menschheit ist das Rad. Schon um 4000 v. Chr. war es bekannt. Seitdem haben viele Ideen und Neuerungen das Leben des Menschen verändert und bereichert. Welche dieser unzähligen Erfindungen ist wohl die größte, die wichtigste, die bedeutendste? Eine gehört zweifellos zu den bedeutendsten – die Erfindung des Buchdrucks nämlich.

Johannes Gutenberg war es nach jahrelangem Bemühen gelungen, einzelne Lettern aus Metall zu gießen und diese wahlweise zu Texten zusammenzustellen. Mit Hilfe der Druckerpresse konnte man nun jeden beliebigen Text vervielfältigen.

Mit geliehenem Geld – die Versuche hatten sein gesamtes Vermögen aufgebraucht – eröffnete Gutenberg 1450 in Mainz am Rhein die erste Druckerei. Zum Druck der ersten Bibel brauchte er allerdings noch fünf Jahre, sie wurde 1455 fertiggestellt. Aber was bedeutete diese Zeit gegenüber der bis dahin üblichen Methode, Bücher mit der Hand zu schreiben!

Als Gutenberg 1468 starb, wurde bereits in fünf Städten am Rhein mit beweglichen Lettern gedruckt. Viele andere Städte im ganzen Land folgten.

Dank der genialen Erfindung eines Johannes Gutenberg konnten sich die Ideen des Humanismus und die wissenschaftlichen Erkenntnisse jener Zeit schneller und umfassender verbreiten. Gutenberg gilt als Wegbereiter dieser geistigen und materiellen Umwälzung.

Lettern nennt man Druckbuchstaben, die in eine Druckplatte eingesetzt werden.
Die **Neuzeit** beginnt in der Geschichtswissenschaft um 1500.
Als **Humanismus** bezeichnet man eine wissenschaftlich-geistige Strömung der Renaissance (Wiederbelebung des antiken Gedankenguts). Vertreter des Humanismus waren u. a. Dante, Moore, Erasmus von Rotterdam und Humboldt.

I Zum Text	Können Sie die nachfolgenden Bemerkungen etwas genauer erläutern? Verwenden Sie dabei möglichst Ihre eigenen Worte.

1. Es ist eine der ältesten Erfindungen der Menschheit.
2. Er beschäftigt sich mit einer Erfindung der Neuzeit.
3. Wir erfahren etwas über den Erfinder und seine Bemühungen.
4. Ein Vergleich zeigt den Fortschritt der neuen Buchherstellung.
5. Zum Schluß wird die Bedeutung dieser Erfindung eingeschätzt.

II
Rund um das
„Buch"

Diese Wörter haben zum großen Teil nichts mit Büchern zu tun. Können Sie die Bedeutungen finden?

1. ein Buchhalter	— jemand, der sehr viel liest (ein Büchernarr)
2. ein Buchfink	— die Früchte der Buche
3. ein Bücherwurm	— ein Singvogel
4. die Buchführung	— ein kaufmännischer Angestellter
5. Bucheckern	— eine Pflanzenart
6. Buchweizen	— das Aufschreiben aller Einnahmen und Ausgaben im Geschäftsbereich

III
Kein Buch mit
sieben Siegeln

Welche Erklärung stimmt für die folgenden Redewendungen?

1. Die Lohnerhöhung schlägt zu Buche.　　a) Sie ist beachtlich.
　　　　　　　　　　　　　　　　　　　　　b) Sie wird im Buch festgehalten.

2. Im Kino läuft ein Kriminalfilm,　　　　 a) Der Film ist genau.
　　wie er im Buche steht.　　　　　　　　b) Er ist so, wie man sich einen
　　　　　　　　　　　　　　　　　　　　　　Kriminalfilm wünscht.

3　Mein Freund redet wie ein Buch.　　　　 a) Er redet sprachlich sehr exakt.
　　　　　　　　　　　　　　　　　　　　　b) Er redet viel und unaufhörlich.

4. Ich hab' mich auf meine vier　　　　　　a) Ich bin hingefallen.
　　Buchstaben gesetzt.　　　　　　　　　　b) Ich habe mich auf ein Buch
　　　　　　　　　　　　　　　　　　　　　　gesetzt.

5. Für mich ist Mathematik　　　　　　　　a) Sie ist mir teuer und wichtig.
　　ein Buch mit sieben Siegeln.　　　　　　b) Sie ist mir unverständlich.

13. Ein neues Hobby

Das Sammeln von Telefonkarten

Neulich wollte ich von einer Telefonzelle aus meinen Freund anrufen. Als ich meine Telefonkarte aus der Tasche nahm, fragte mich ein Mann: „Verkaufen Sie mir die Karte? Ich geb' Ihnen 250 Mark." Als ich ihm sagte, daß die Karte doch nur 12 Mark gekostet habe und jetzt nur noch Gespräche für 3 Mark drauf seien, antwortete er: „Das macht nichts." Er gab mir die 250 Mark, nahm die Karte und war verschwunden.

In Deutschland gibt es an die 60 000 Kartentelefone, jährlich kommen 25 000 dazu. Seit die Deutsche Bundespost die Telefonkarten auch für die Werbung zur Verfügung stellt und die Karten mit farbenfroher und vielversprechender Reklame versehen sind, werden sie für die Sammler immer interessanter.

Es gibt Kataloge, eine Zeitschrift und Sammlerbörsen, wo die Karten getauscht und verkauft werden. Immer wieder gibt die Post neue Karten heraus, je kleiner eine Serie ist, desto größer ist ihr Wert. Es soll Karten geben, deren Wert von DM 12 auf DM 9 000 gestiegen ist.

Gebrauchte Telefonkarten sollten Sie also nicht wegwerfen. Natürlich sind auch ausländische Karten gesuchte Sammelobjekte.

Eine **Telefonkarte** ist ein Wertchip vom Aussehen und in der Größe einer Kreditkarte.

Text und Abbildungen von einer Firma zu Werbezwecken nennt man **Reklame**.

Auf **Sammlerbörsen** treffen sich gleichgesinnte Sammler, um ihre Sammelobjekte mit anderen zu tauschen.

<table>
<tr><td>

I

Vom Telefonieren

L
</td><td>

Welche Wörter fehlen hier? Wählen Sie aus, und füllen Sie die Lücken.

</td></tr>
</table>

> die Telefonnummer – das Telefonbuch – das Telefon – das Besetztzeichen –
> das Gespräch – wählen – die Telefonzelle – das Münztelefon – die Verbindung
> – die Telefonkarte

Wer kein eigenes ___ hat, muß eine ___ benutzen, wenn er jemanden anrufen
möchte. Die ___ seines Partners findet er im ___. Ist in der Telefonzelle kein ___,
dann braucht er eine ___ . Diese steckt er in den Apparat, und ___ seine Num-
mer. Hört er das ___, muß er warten und später noch einmal wählen. Ist das ___
zustande gekommen, heißt es aufpassen, denn wenn die Telefonkarte leer ist, wird
die ___ unterbrochen.

II

Sammlerstolz

L

Was wird nicht alles gesammelt! Briefmarken, Ansichtskarten, Puppen, Uhren,
Bücher, Münzen usw. Wer sammelt was? Finden Sie es heraus?

1. Markus' Sammlung steht in Regalen, ab und zu nimmt er mal ein Exemplar in
   die Hand und blättert darin.
2. Gabis „Kostbarkeiten" liegen einzeln, jede für sich, in Schachteln und Etuis;
   die wertvollsten hat sie wohlverschlossen im Schrank.
3. Wer zu Sara kommt, muß sich eine Sitzgelegenheit suchen, denn ihre „Lieb-
   linge" sitzen und liegen überall, wo Platz ist.
4. Mike braucht Lupe und Pinzette, wenn er sich mit seiner Sammlung beschäftigt.
5. Rudis Objekte hängen an der Wand und beschäftigen ihn Tag für Tag. Tut er
   nichts, sind auch sie still.
6. Kristinas Leidenschaft macht sie mit den schönsten Sehenswürdigkeiten aus
   aller Welt bekannt.

III

Historisches und

Technisches

Sprechen Sie über den Erfinder, und beschreiben Sie die Entwicklung des Tele-
fons.

1. Telefon: der Hörer, die Wählscheibe (heute die Nummern-, bzw. Tastenschal-
   ter), die Signalanlage (Klingel), Kabel zum Anschluß; auch: der Anrufbeant-
   worter und das Funktelefon
2. Johann Philipp Reis: 1834-1874, Kaufmann und Lehrer, später Physiker; 1861
   Erfindung eines Gerätes zur elektrischen Sprachübermittlung, Voraussetzung
   für das Telefon

14. „Kuckuck, Kuckuck ..."

Kuckucksuhren aus dem Schwarzwald

Wenn es Frühling wird, ist auch der Kuckuck wieder da. Dieser Vogel ist zwar selten zu sehen, dafür aber ist sein Ruf nicht zu überhören.

In manchen Häusern hört man sein „Kuckuck, Kuckuck ..." Tag und Nacht, das ganze Jahr über. Die Rede ist von der Kuckucksuhr. Diese beliebten Uhren werden seit vielen Jahrzehnten im Schwarzwald hergestellt. Zu jeder vollen Stunde springt ein kleiner hölzerner Kuckuck aus seinem Kästchen und ruft, was die Stunde geschlagen hat.

Bei Schonach im Schwarzwald steht auch die größte Kuckucksuhr der Welt. Ihre Zeiger drehen sich am Giebel eines Schwarzwaldhauses, der große Zeiger mißt 1,65 m. Ein 80 cm großer Kuckuck läßt zu jeder vollen und halben Stunde seinen Ruf ertönen.

Im Innern des Hauses halten 14 Holzräder die Uhr in Gang und sorgen dafür, daß der Kuckuck seine Zeit nicht verpaßt. Das Uhrwerk ist 50mal so groß wie das Werk einer normalen Schwarzwalduhr. Zwei Jahre hat der Uhrmachermeister daran gearbeitet. Es lohnt sich, das Haus zu besichtigen und dieser Uhr ins Herz zu schauen. Man kann natürlich auch eine echte Kuckucksuhr aus der Werkstatt des Uhrmachermeisters kaufen.

Der **Kuckuck** ist ein etwa 35 cm großer Vogel. Er ist ein Schmarotzer, d. h., er legt seine Eier in die Nester anderer Vogelarten und läßt seine Jungen von fremden Vögeln aufziehen.

Der **Schwarzwald** ist das höchste Mittelgebirge in Südwestdeutschland mit dem 1 493 Meter hohen Feldberg. Der Schwarzwald ist ein beliebtes Urlaubsgebiet.

Was die Stunde geschlagen hat steht hier bildhaft für „wie spät es ist".

I Einige Fragen	Bestimmt können Sie Auskunft geben:

1. Warum nennt man diese Uhren aus dem Schwarzwald *Kuckucksuhren?*
2. Was ist in der Nähe von Schonach im Schwarzwald zu sehen?
3. Welche Maße hat die Schonacher Kuckucksuhr?
4. Warum lohnt es sich, der Uhr ins Herz zu sehen?
5. Wie lange hat der Kuckucksuhrmachermeister an seinem Werk gearbeitet?
6. Können Sie sich denken, warum es im Text heißt, daß man sich dort eine *echte* Kuckucksuhr kaufen kann?

II Allerlei Tierlaute L	In den folgenden Sprichwörtern fehlen die Verben:

rufen – krähen – singen – blöken – pfeifen – gackern – bellen – miauen

Wenn Sie die passenden Wörter gefunden haben, können Sie sicher auch etwas zur Bedeutung der Sprichwörter sagen.

1. Wenn der Hahn ___ auf dem Mist, ändert sich das Wetter, oder es bleibt, wie es ist.
2. Hühner, die viel ___, legen wenig Eier.
3. Hunde, die ___, beißen nicht.
4. Wenn ein Vogel nicht ___, so kann er doch ___.
5. So oft der Kuckuck ___ im Wald, so viele Jahre wirst du alt.
6. Wo man ___, da sind auch Schafe.
7. Wenn die Katze Mäuse fängt, dann ___ sie nicht.

III Rätselhaftes L	Was eine Kuckucksuhr ist, wissen Sie jetzt. Aber können Sie auch sagen, welche Uhren hier gemeint sind?

1. Er weckt uns aus dem schönsten Schlaf.	– die Digitaluhr
2. Sie spielt im Sport eine große Rolle.	– die Spieluhr
3. Sie ist beim Kochen und Backen unentbehrlich.	– die Stoppuhr
4. Sie hat keine Zeiger und sagt doch, wie spät es ist.	– die Funkuhr
5. Sie versagt, wenn Wolken am Himmel sind.	– der Wecker
6. Sie macht Musik und kümmert sich nicht um die genaue Zeit.	– die Sonnenuhr
7. Von ihr sagt man, daß sie auf die Hundertstelsekunde genau geht.	– die Küchenuhr

15. Am Schwäbischen Meer

Der Bodensee

„Der Bodensee ist eine Reise wert" heißt es in einem Werbeprospekt. Folgen Sie uns dorthin, an das Schwäbische Meer, wie der größte deutsche See auch genannt wird! Er ist wirklich eine Reise wert, denn er hat Besonderes zu bieten.

Sind Sie mit einem Boot oder Schiff auf dem Wasser, können Sie entweder in Deutschland, in Österreich oder auch in der Schweiz an Land gehen. Der Bodensee ist ein „Dreiländereck". Der Rhein fließt auf seinem langen Weg durch den See, der den Fluß im Osten aufnimmt und an der Westseite wieder entläßt.

Das Gebiet um den Bodensee hat ein mildes Klima, auf der Insel Mainau gibt es sogar eine subtropische Vegetation. Am Bodensee reift ein guter Wein. Natürlich ist das Gebiet rings um den See ein Paradies für Urlauber und Touristen. Exklusive Orte wie Konstanz oder Lindau bieten alles, was das Urlauberherz begehrt. Man muß allerdings tief in die Tasche greifen, wenn man die Freizeitangebote nutzen will.

Am Ostufer des Bodensees, in Lindau, beginnt die Alpenstraße durch das Allgäu und Oberbayern bis zum Königssee in Berchtesgaden. Auch die ist eine Reise wert.

Der **Rhein**, eine wichtige internationale Wasserstraße, legt von den Alpen bis zur Nordsee 1 320 km zurück. Er bildet ein Stück deutsch-schweizerische Grenze und mündet in den Niederlanden bei Rotterdam in die Nordsee.

Die **Subtropen** sind eine Klimazone zwischen der tropischen und gemäßigten Zone. Das charakteristische subtropische Klima ist ein trockener Sommer und ein milder Winter.

Zu den bekanntesten Bodenseeorten zählen **Konstanz** (70 000 Einwohner), **Lindau** (26 000 Einwohner), das in Österreich liegende Bregenz (24 000 Einwohner) und die Schweizer Orte Kreuzlingen (16 000 Einwohner) und Romannshorn (52 000 Einwohner).

Der **Königssee** liegt in 600 Meter Höhe und wird von mächtigen Felsen, z. B. dem Watzmann, umgeben.

I Korrekturen ⏹ L	Sie finden in den folgenden Sätzen bestimmt die kleinen inhaltlichen Fehler und können sie korrigieren:

1. Der Bodensee, auch Schwäbischer See genannt, ist der größte deutsche See.
2. Über eine Bodenseebrücke können Sie von Deutschland aus in die Schweiz oder auch nach Österreich gelangen.
3. Der Rhein fließt am Ufer des Bodensees vorbei.
4. Das gesamte Bodenseegebiet hat subtropisches Klima.
5. Urlaub am Bodensee ist in allen Orten recht billig.
6. An der Westspitze des Sees beginnt die bekannte Alpenstraße.

II Wörter und Wendungen ⏹ L	Welche Erklärung stimmt für die folgenden Redewendungen?

1. etwas ist eine Reise wert   a) etwas kostet viel
                                           b) etwas lohnt sich

2. Besonderes zu bieten haben   a) jedem Hilfe leisten
                                           b) nicht Alltägliches zeigen können

3. an Land gehen   a) ein Schiff verlassen
                                           b) in ein anderes Land fahren

4. alles, was das Herz begehrt   a) alles, was der Mensch braucht
                                           b) was man sich wünscht

5. tief in die Tasche greifen   a) viel bezahlen
                                           b) sein Geld gut festhalten

III Das Besondere	Der Bodensee hat Besonderes zu bieten, heißt es im Text. Können Sie etwas darüber erzählen? Sprechen Sie …

> vom Dreiländereck – vom Rhein – vom Klima – vom Urlauberparadies – von der Alpenstraße.

16. Von einem klugen Bäcker

Wie die Brezel erfunden wurde

Beim Bäcker gibt es Brot und Brötchen, Kuchen und alle möglichen Gebäckstücke. Jede Gegend hat ihre Besonderheiten, jeder Bäcker seine Spezialitäten. Eines haben alle Bäcker gemeinsam: die Brezel als Symbol ihres Berufsstandes. Über die Entstehung dieses Gebäckstückes gibt es eine hübsche Legende:

Danach soll vor vielen Jahren in Urach ein Bäcker zum Tode verurteilt worden sein, weil er einen Diebstahl begangen hatte. Da er aber sonst ein rechtschaffener Mann war, wollte ihm der Landesherr eine Chance geben.

Er rief den Bäcker zu sich und sagte: „Es ist bekannt, daß du ein tüchtiger Bäcker bist. Dann beweise das! Wenn du einen Kuchen backen kannst, durch den die Sonne dreifach scheint, will ich dir dein Leben schenken."

Der Bäcker bat um drei Tage Zeit. Am dritten Tag kam er ins Schloß und brachte eine Brezel mit. Der Landesherr hielt sie gegen die Sonne. Und wirklich, die Sonne schien ihm aus drei Öffnungen entgegen. Wie versprochen schenkte er dem Bäcker das Leben.

So also ist die Brezel entstanden, wenn wir der Legende glauben wollen. Allerdings: Die Franzosen behaupten, daß ein Mönch in Frankreich schon im Mittelalter die erste Brezel gebacken habe.

Apfeltaschen, Butterhörnchen, Nußschnecken usw. sind **Gebäckstücke**.
Urach ist ein kleiner Kurort südlich von Stuttgart.
Von einem **rechtschaffenen** Menschen sprechen wir, wenn er ehrlich und fleißig ist.

I	Es fällt Ihnen sicher nicht schwer, die folgenden Fragen zu beantworten.
Wer oder was?	1. Wer wurde vor vielen Jahren zum Tode verurteilt?

Es fällt Ihnen sicher nicht schwer, die folgenden Fragen zu beantworten.

I
Wer oder was?

1. Wer wurde vor vielen Jahren zum Tode verurteilt?
2. Was hatte er verbrochen?
3. Wer rief ihn zu sich?
4. Was sollte er tun?
5. Was wurde ihm versprochen?
6. Was brachte er nach drei Tagen?
7. Wer hat ihm das Leben geschenkt?
8. Wer soll schon vorher die Brezel erfunden haben?

II
Ordnung
muß sein!

L

Fügen Sie die Satzteile (rechts) den Hauptsätzen (links) zu, so daß alles einen rechten Sinn ergibt.

1. Ein Bäcker wurde zum Tode verurteilt, ...	um in seiner Backstube probieren zu können.
2. Der Landesherr wollte ihm das Leben schenken, ...	daß ein Mönch die Brezel erfunden habe.
3. Der Bäcker bat um drei Tage Zeit, ...	denn er hatte die Aufgabe erfüllt.
4. Nach drei Tagen kam er zurück, ...	weil er einen Diebstahl begangen hatte.
5. Der Herr sah die Sonne durch drei Öffnungen, ...	als er die Brezel gegen das Licht hielt.
6. Die Franzosen behaupten, ...	da der Bäcker ein rechtschaffener Mann war.

III
Ein Gespräch

Gestalten Sie das folgende Gespräch mit einem Partner, wobei einer die Rolle des Landesherrn (L) und einer die des Bäckers (B) übernimmt.

     L: ...

B: Das stimmt, Herr, ich war mein Leben lang immer ein ehrlicher und fleißiger Mensch.

     L: ...

B: Das will ich versuchen. Bitte, gebt* mir drei Tage Zeit!

     L: ...

B: Weil es sehr schwierig ist, denn ich kenne keinen solchen Kuchen.

     L: ...

(Drei Tage später)

B: Hier, mein hoher Herr, habe ich, was Sie gewünscht haben.

     L: ...

B: Ich danke Euch*.

     L: ..

B: Nein, ich verspreche Euch*, immer fleißig und ehrlich zu sein.

* früher gebräuchliche Form der Anrede (2. Person Plural)

17. Ein großer Erfinder

Rudolf Diesel

Am 17. Februar 1897 drehte sich in Augsburg nach vielen Jahren praktischer Versuche, nach Mißerfolgen und immer neuen Experimenten zum ersten Mal eine „neue rationelle Wärmekraftmaschine". So nannte Rudolf Diesel seine Erfindung, die er 1892 als Patent angemeldet hatte und die als Dieselmotor ihren Siegeszug durch die ganze Welt antrat. 1912 bewegte ein Dieselmotor das erste Hochseeschiff, 1923 den ersten Lastkraftwagen, drei Jahre später das erste Personenauto. Der Erfinder wurde 1858 als Sohn eines Buchbinders geboren und erhielt später ein Stipendium an der Technischen Hochschule München, die er als Maschinenbauingenieur verließ. Diesel wurde später hoch geehrt. Die Technische Hochschule München verlieh ihm sogar den Ehrendoktortitel.
Aber der geniale Erfinder hatte auch Neider und Gegner. Dem Mann, der mit großer Energie für seine Erfindung gearbeitet und gekämpft hatte, fehlte am Ende die Kraft zum Widerstand, und er ging 1913 freiwillig aus dem Leben.
Der Ottomotor war schon 21 Jahre vorher erfunden worden. Inzwischen sind beide, der Diesel- und der Ottomotor, ins Kreuzfeuer der Kritik geraten. Trotzdem werden sie wohl noch lange als Antriebsmaschinen dienen müssen, obwohl fieberhaft nach umweltfreundlicheren Aggregaten geforscht wird.

Augsburg ist eine Großstadt in Bayern mit ca. 250 000 Einwohnern.
Der Dieselmotor **trat seinen Siegeszug an**, d. h., er setzte sich überall in der Welt durch.
Neider sind Menschen, die anderen ihren Erfolg, ihr Glück oder auch ihren Reichtum nicht gönnen.
Für **freiwillig aus dem Leben gehen** kennen wir weitere sprachliche Formen, wie z. B. „seinem Leben ein Ende setzen", „sich das Leben nehmen", „Selbstmord begehen".
August Otto, ein deutscher Ingenieur, war der Erfinder des Benzinmotors, des nach ihm benannten **Ottomotors**.

Verbrennungsmotoren sind **ins Kreuzfeuer der Kritik geraten**, man kritisiert sie, denn sie sind in besonderem Maße an den Umweltschäden (Ozonloch, Luftverschmutzung) beteiligt.

I

Experten gesucht

Können Sie einem Laien ein wenig weiterhelfen?
1. Was sind eigentlich Wärmekraftmaschinen?
2. Diesels erste Wärmekraftmaschine leistete 20 PS. Was leisten heutige Dieselmotoren?
3. Wie haben sich Hochseeschiffe fortbewegt, bevor sie einen Dieselmotor bekamen?
4. Worin besteht der Unterschied zwischen einem Otto- und einem Dieselmotor?
5. Wodurch richten Verbrennungsmotoren Umweltschäden an?
6. Welche umweltfreundlichen Aggregate gibt es schon?

II

Entdecken oder
erfinden?

Setzen Sie das passende Verb ein.
1. Die Schiffsschraube wurde 1827 ___, aber schon 335 Jahre früher ___ Kolumbus Amerika.
2. Die Taschenuhr wurde 1510 ___, hundertfünfzig Jahre danach ___ ein Physiker und Bürgermeister von Magdeburg die Luftpumpe.
3. Bis die Nähmaschine ___ wurde, mußten die Menschen noch bis 1845 warten.
4. Die Röntgenstrahlen wurden vor kaum hundert Jahren ___. Etwa zur gleichen Zeit ___ Marie und Pierre Cury das Radium.
5. Am weitesten zurück liegt es, daß Gutenberg den Buchdruck mit beweglichen Lettern ___, nämlich ca. 550 Jahre.
6. Auch Philip Reis soll nicht vergessen werden, denn er ___ 1861 das Telefon.
7. Daß Nobel 1865 das Dynamit ___, ist allgemein bekannt. Aber daß Goethe den Zwischenkieferknochen beim Menschen ___, wissen nur wenige.

III

Entdecker oder
Erfinder?

L

Wer war es? Formulieren Sie vollständige Sätze.

1. die Röntgenstrahlen	– der Forstmeister Friedrich Drais (1785-1851)
2. die Kernspaltung	– Robert Koch (1843-1910)
3. die Telegrafie	– Peter Henlein (1480-1542)
4. das Periodensystem der Elemente	– Conrad Röntgen (1845-1923)
5. der Erreger der Tuberkulose	– Otto Hahn (1879-1968)
6. die Taschenuhr	– der Amerikaner Morse (1791-1872)
7. das Fahrrad	– Otto von Guericke (1602-1686)
8. die Luftpumpe	– Mendelejew (1834-1907) und Julius Meyer (1830-1895)

18. Eier vom Osterhasen?

Wer bringt die Ostereier?

Das Osterfest ist reich an Traditionen und Bräuchen. Seit dem zweiten Jahrhundert bedeutet es für alle Christen die Auferstehung von Jesus Christus.

Symbol des Osterfestes ist seit dem Mittelalter das Ei, ein Zeichen des neuen Lebens in der Natur. Auferstehung und neues Leben – zwei schöne Deutungen für Ostern. Es ist ein alter Brauch, daß die Kinder am Ostersonntag in der Wohnung, im Garten oder beim Spaziergang mit der Familie Ostereier suchen.

Wer diese Eier versteckt, möchten Sie wissen? Der Osterhase natürlich! Sie glauben das nicht?

Bitte, ein Protokoll vom 27. Juli 1758 besagt: „Der Förster Fuhrmann fing 1756 einen Hasen. Er nahm ihn mit nach Hause, und der Hase legte ein Ei, im nächsten Jahr sogar drei Eier." Dieses Protokoll hat der Forstmeister persönlich unterschrieben. Ob es nun stimmt oder nicht, Humor hatten diese beiden Förster bestimmt.

Etwas humorloser steht es in einer älteren Schrift aus dem Jahr 1682: „Man macht kleinen Kindern weis, diese Eier lege und verstecke ein Hase."

So oder so – die Kinder freuen sich über jedes Osterei, ob es nun ein Hase versteckt hat oder nicht.

In der christlichen Religion ist Ostern der Tag, an dem Christus von den Toten auferstanden ist, die **Auferstehung** Christi. Der Freitag vor Ostern (Karfreitag) ist der Tag der Kreuzigung Christi.

Ostereier können bunt bemalte Hühnereier, aber auch Schokoladen- oder Marzipaneier sein.

Der **Osterhase** ist zur Symbolfigur geworden, und man kann ihn (auch aus Schokolade) in allen Größen kaufen.

Wer **jemandem etwas weis macht**, erzählt etwas Falsches, will jemandem etwas glauben machen, was gar nicht stimmt.

I

Passende Verben

L

Ergänzen Sie die Verben in den folgenden Sätzen.
1. Alljährlich im Frühjahr ____ die Christen in der ganzen Welt das Osterfest.
2. Am Osterfeiertag ____ die Glocken.
3. Die Familien ____ am Ostersonntag gern einen Spaziergang.
4. Dabei ____ die Kinder Ostereier.
5. Die Freude ist groß, wenn sie ein Osterei ____.
6. Ob der Osterhase wirklich die Eier ____, ist nicht so wichtig.

II

Sprachliche

Wendungen

L

Bilden Sie die Sätze neu, ohne die schräg gedruckten Wendungen zu benutzen!
1. Das Osterfest ist *reich an Traditionen*.
2. Auch der Hase *spielt* zu Ostern *eine große Rolle*.
3. Osterhase und Osterei werden *in einem Atemzug genannt*.
4. Das Protokoll von 1758 ist *mit Vorsicht zu lesen*.
5. Man sollte eigentlich niemandem *etwas weismachen*.

III

Traditionen und

Bräuche

Wer bringt nun wirklich die Ostereier? Lösen Sie dieses Rätsel, und sagen
Sie etwas
1. zur Tradition des Osterfestes.
2. zu den Ostersymbolen und ihrer Bedeutung.
3. zu dem Brauch, Ostereier zu verstecken.
4. zur Frage nach dem Osterhasen.

Vielleicht können Sie noch von einem Osterbrauch aus Ihrer Heimat erzählen?

19. Ein Urwald in Deutschland?

Der Bayerische Wald

„Es ist nicht ein Wald, wie sonst einer; es hat ihn in seiner schwarzen Gewalt noch keiner gemalt, wie er ist." Das sagte der bayerische Schriftsteller Georg Britting (1891-1964) vom Bayerischen Wald, dem größten deutschen Waldgebiet.

Diese „schwarze Gewalt", ein Waldgebirge, liegt zwischen dem Fichtelgebirge und der Donau. Auf seiner gesamten Länge von 230 Kilometern verläuft die Grenze zur Tschechischen Republik. Dort heißt das Gebirge Böhmerwald.

Noch vor ca. 1 000 Jahren lebte kein Mensch in diesem Urwald. Bären und Wölfe gab es dort bis ins 19. Jahrhundert. Heute findet man diese Tiere noch im 12 000 Hektar großen „Nationalpark Bayerischer Wald", allerdings nur im Tiergehege. Aber der Nationalpark soll wieder zu einer Art „Urwald" werden mit Bären und Wölfen in freier Wildbahn.

Wer die Natur liebt, kann im Bayerischen Wald durch ausgedehnte Wälder wandern, einsame Seen finden und auf hohe Berge steigen. Nicht ganz ungefährlich sind die großen Moore, in denen noch seltene Bäume und Pflanzen zu sehen sind. Führt der Weg des Wanderers in die südöstliche Spitze des Bayerischen Waldes, wird er sicher Passau, einer der vielleicht schönsten deutschen Städte, einen Besuch abstatten. Man nennt Passau auch „Dreiflüssestadt", denn dort fließen Ilz, Inn und Donau zusammen.

Unter der **schwarzen Gewalt** müssen wir uns einen tiefen, dunklen Tannenwald vorstellen, der in seiner Größe wie eine Gewalt auf den Menschen einwirkt.

Als **Waldgebirge** bezeichnet man Mittelgebirge, deren Berge rundum von Wäldern bedeckt sind; Gegensatz dazu sind die Felsengebirge, wie z. B. die Alpen.

Der **Urwald** ist die ursprüngliche Form des Waldes, ohne Veränderung und Gestaltung durch den Menschen.

In Zoos und Tiergärten leben die Tiere im **Gehege**, in einem durch Zäune umgrenzten Raum oder Gebiet.

In **freier Wildbahn** leben alle Tiere, die nicht vom Menschen „in Gefangenschaft" gehalten werden, sich also frei bewegen können.

Moore sind Gebiete, in denen das Wasser nicht abläuft, nicht im Grundwasser versickert.

I

Erklärungen

L

Können Sie die folgenden Aussagen etwas genauer erklären?

1. Der Bayerische Wald ist ein Waldgebirge, d. h., ...
2. Vor ca. 1 000 Jahren war dieses Gebiet noch Urwald, d. h., ...
3. Noch heute leben Bären und Wölfe dort, allerdings in einem Gehege, d. h., ...
4. Der Wanderer kann im Bayerischen viel unternehmen, d. h., ...
5. Passau nennt man Dreiflüssestadt, d. h., ...

Natürlich können Sie Ihre Erklärungen auch mit „weil" oder „denn" anschließen.

II

Das treffende

Verb

L

Es macht Ihnen sicher keine Schwierigkeiten, in den nachstehenden Sätzen die Verben zu ergänzen.

1. Viele Menschen ____ im Urlaub gern in den Bayerischen Wald.
2. Die Naturliebhaber unter ihnen ____ oft tagelang durch den herrlichen Wald.
3. Dabei ____ sie auch auf die bewaldeten Berge und Höhen.
4. Wenn sie durch ein Moor ____, ist Vorsicht geboten, es darf keinesfalls der Weg verlassen werden.
5. Schön ist es auch, die Städte am Rande des Bayerischen Waldes zu ____.

III

Aus zwei mach'

eins!

L

Wiederholen Sie die nächsten Sätze, indem Sie aus den schräg gedruckten Wörtern ein Wort bilden!

1. Fuchs, Reh und Hirsch sind *Tiere des Waldes*.
2. Viele Beeren, aber auch Pilze sind *Früchte des Waldes*.
3. Besonders gesund ist die *Luft im Wald*.
4. Im Moor sollte man stets auf den *Wegen* bleiben, *die durch das Moor führen*.
5. Der Sage nach gibt es im Bayerischen Wald zahlreiche *Geister, die im Wald leben*.
6. In der *Einsamkeit des Waldes* erholen sich die Menschen gern.
7. Leider beobachten wir auch immer größere *Schäden im Wald*, wir sprechen vom *Sterben des Waldes*.
8. Hier und da trifft man auf *Hütten*, die mitten *im Wald* stehen.

20. Der oder das Fichtelberg?

Berg und Ort Fichtelberg

Eigentlich ist beides richtig. Das eine ist ein Berg, das andere ein Ort. Der Fichtelberg ist mit 1 214 Metern der höchste Berg des Erzgebirges, gehört also zu Sachsen. Fichtelberg, der Ort, liegt im Fichtelgebirge und gehört zu Bayern.

Fichtelberg liegt am Südhang des 1 051 Metern hohen Schneebergs, der höchsten Erhebung des Fichtelgebirges. Es hat etwa 2 000 Einwohner und ca. 1 300 Gästebetten. Die Fichtelberger sind also selten unter sich. Aber das möchten sie auch gar nicht, Fichtelberg ist ein Kurort und lebt vom Fremdenverkehr.

Auch der Fichtelberg hat im Sommer und im Winter zahlreiche Gäste, wenn sie auch nicht auf, sondern am Fichtelberg wohnen, nämlich in dem Kurort Oberwiesenthal, der höchstgelegenen Stadt Deutschlands.

Vom Fichtelberg aus hat man einen herrlichen Rundblick über das Erzgebirge. Bei gutem Wetter soll man bis nach Bayern sehen können. Es wäre also durchaus denkbar, daß man vom Fichtelberg bis nach Fichtelberg sieht, obwohl an die hundertfünfzig Kilometer dazwischen liegen.

Zurück zur Frage: der oder das Fichtelberg? Die Antwort kennen Sie nun. Das Problem ist nur, daß der Berg seinen Artikel benutzen darf, der Ort aber nicht.

Die Bundesrepublik Deutschland gliedert sich in sechzehn Bundesländer:

> Bayern – Mecklenburg-Vorpommern – Niedersachsen – Hessen – Saarland – Baden-Württemberg – Rheinland-Pfalz – Berlin – Westfalen – Schleswig-Holstein – Hamburg – Brandenburg – Sachsen - Bremen – Sachsen-Anhalt – Thüringen

Können Sie beschreiben, wo die einzelnen Bundesländer zu finden sind? Verwenden Sie die Verben *liegen – grenzen an – sich befinden.*

50

<table>
<tr><td>I
Berg oder Ort?
L</td><td>Was ist gemeint? Ersetzen Sie die schräg gedruckten Wörter, so daß eindeutig zwischen Berg und Ort Fichtelberg zu unterscheiden ist!</td></tr>
</table>

I

Berg oder Ort?

L

Was ist gemeint? Ersetzen Sie die schräg gedruckten Wörter, so daß eindeutig zwischen Berg und Ort Fichtelberg zu unterscheiden ist!

1. *Er* gehört zu Sachsen und ist über 1 000 Meter hoch.
2. *Ihn* findet man in Nordbayern.
3. *Seine* Bewohner leben vor allem vom Fremdenverkehr.
4. *Seine* Gäste wohnen im nahegelegenen Oberwiesenthal.
5. Bei gutem Wetter bietet *er* einen schönen Rundblick.
6. *Seine* Gäste müssen auf den Schneeberg steigen, wenn sie in die Ferne sehen wollen.
7. Obwohl beide einen Artikel haben, wird *der eine* mit, *der andere* ohne Artikel gebraucht.

II

Nicht nur Grammatik

L

Bei der Entscheidung für die richtige Präposition ist auch der Inhalt wichtig:

1. ___ Fichtelberg aus hat man einen weiten Blick.
2. Man kann auch mit der Seilbahn ___ ___ Fichtelberg fahren.
3. Rund ___ ___ Fichtelberg ist ideales Skigelände.
4. ___ Fichtelberg wohnen ca. 2 000 Menschen.
5. Aber es kommen jährlich zahlreiche Gäste ___ Fichtelberg.
6. Die Fichtelnaab, ein Fluß, fließt ___ Fichtelberg in den Fichtelsee.
7. Bei gutem Wetter kann man ___ Fichtelberg bis ___ Fichtelberg sehen.
8. Im Sprachgebrauch steht Fichtelberg ___ Artikel, der Fichtelberg verlangt ihn aber.

III

Im Lexikon geblättert

Versuchen Sie, mit Hilfe der Angaben aus dem Lexikon das Erzgebirge vorzustellen!

> Erzgebirge – dt. Mittelgebirge an der sächsisch-tschechischen Grenze – 150 km lang, 40 km breit – Keilberg (tschechische Seite) 1 244 m hoch, Fichtelberg 1 214 m – früher reiche Erzvorkommen (Silber, Zinn, Zink u. a.) – heute Spielwaren – Kurorte und Wintersportgebiete – zahlreiche Talsperren – bekannte Städte: Olbernhau, Aue, Seiffen, Marienberg u. a.

21. Mittelpunkte

Vom Mittelpunkt Deutschlands und der Erde

Viele Orte haben etwas Besonderes zu bieten. Sie ziehen damit Touristen an und bringen Geld in die Kasse.

Das Dorf Niederdorla in Thüringen ist seit der Wiedervereinigung Deutschlands im Oktober 1990 in besonderer Weise bekannt geworden, denn es wurde zum geographischen Mittelpunkt Deutschlands erklärt. Die Einwohner pflanzten auf dem Dorfplatz einen Baum, eine Linde, und hoffen nun auf recht viele Touristen.

Eine ähnliche Berühmtheit hat die kleine Stadt Pausa im Vogtland. Dort wurde nämlich vor ca. hundertfünfzig Jahren der „Mittelpunkt der Erde" entdeckt. Die „Erdachse", die angeblich mitten durch den Ort gehen soll, zeigen die Pausaer ihren Gästen im Ratskeller. Dort befindet sich auf dem Fußboden inmitten der Gaststätte ein eiserner Deckel, und darunter liegt die „Erdachse". Sie muß ab und zu von Spezialisten geölt werden. Dabei dürfen aber Fremde „aus Sicherheitsgründen" nicht zusehen.

Diesen Spaß mit der Erdachse und dem Erdmittelpunkt haben sich die Pausaer ausgedacht, als die Armut in ihrer Stadt sehr groß war. Sie hatten Glück. Neugierige kamen von überall her. Eine französische Zeitschrift soll sogar in einem Brief „um nähere Informationen" gebeten haben.

Der Spaß vom Pausaer Erdmittelpunkt ist erhalten geblieben. Auf dem Dach des Rathauses dreht sich ein drei Meter großer Globus als Wahrzeichen der Stadt.

Die **Erdachse** kann man natürlich nicht sehen, und man braucht sie auch nicht zu ölen. Sie ist nur eine gedachte Linie, die durch den Nord- und Südpol geht, und um die sich die Erde dreht.

Fast jedes Rathaus hat seinen **Ratskeller.** Das ist eine Gaststätte, die sich im Keller des Rathauses befindet.

I Unterschiede	Wodurch unterscheiden sich Niederdorla und Pausa? Stellen Sie die beiden Orte vor.

– Dorf in Thüringen	– Kleinstadt im Vogtland
– geographischer Mittelpunkt Deutschlands	– „Mittelpunkt der Erde"
– eine Linde auf dem Dorfplatz	– die „Erdachse" im Ratskeller
– Realität	– ein Spaß der Pausaer
– seit dem 3. Oktober 1990	– seit ca. hundertfünfzig Jahren

II
Humor

Erzählen Sie über den Spaß von der Erdachse.

1. Auf welche Idee die Pausaer Bürger kamen.
2. Wie sie ihre Idee realisierten.
3. Was sie damit erreichen wollten.
4. Wie die Öffentlichkeit darauf reagierte.
5. Warum noch niemand die Erdachse gesehen hat.
6. Was aus der alten Geschichte geworden ist.

III
Nicht wörtlich
genommen

[L]

Die *Mitte* ist eigentlich ein mathematisch-geometrischer Begriff. Stimmt das auch in den folgenden Beispielen? Wie könnte man diese Sätze anders erklären?

1. Wir haben den Lehrer sofort in unserer Mitte aufgenommen.
2. Er ist jetzt immerhin schon Mitte Dreißig.
3. Sein Rat ist: „Wählt immer die goldene Mitte, dann entscheidet!"
4. Am liebsten erzählt er vom Reich der Mitte, dort war er einige Jahre.
5. Wenn ihm etwas nicht gefällt, und er uns wegschicken will, dann sagt er gern: „Nun aber ab durch die Mitte!"

22. Der Vater der deutschen Rechtschreibung

Konrad Duden

„Deutsche Sprache – schwere Sprache", meinen nicht nur deutschlernende Ausländer. Sie denken wohl vor allem an die Grammatik und die Orthographie. Kopfzerbrechen bereiten z. B. die Artikel, die Getrennt- oder Zusammenschreibung, die Flexionsendungen und was es da noch alles an Schwierigkeiten gibt.
Auskunft darüber und über alle anderen Fragen zur deutschen Grammatik und Orthographie gibt der Duden, das Nachschlagewerk für die deutsche Sprache.
Es war vor mehr als hundert Jahren, als Konrad Duden, Direktor eines Thüringer Gymnasiums, Ordnung in die deutsche Rechtschreibung bringen wollte. Das war nötig, denn es gab in Deutschland keine einheitlichen Regeln und Gesetze für die Sprache. 1880 hatte er es geschafft. Das Bibliographische Institut Leipzig veröffentlichte das erste Wörterbuch Konrad Dudens mit 27 000 Stichwörtern. Damit war die Grundlage für eine einheitliche deutsche Rechtschreibung geschaffen. Konrad Duden gilt als ihr Vater.
Nun liegt die 20. Auflage mit 110 000 Stichwörtern vor. Es ist nach der Wiedervereinigung die erste gesamtdeutsche Ausgabe, denn nach der Teilung Deutschlands 1945 gab es in Mannheim und in Leipzig je eine Duden-Redaktion.
Der Duden steht heute in nahezu allen Haushalten. Niemand verliert sein Gesicht – ob Professor oder Student, ob Sekretärin, Schüler oder Schriftsteller –, wenn er den Duden zur Hand nimmt.

Kopfzerbrechen bereitet uns etwas, das sehr schwierig ist, über das wir angestrengt nachdenken müssen.
Das **Bibliographische Institut** ist ein Verlag, der 1826 in Gotha/Thüringen gegründet, später nach Leipzig verlegt wurde und 1953 auch in Mannheim entstand. Er verlegt Lexika, Wörterbücher und Nachschlagewerke sowie wissenschaftliche Lehrwerke.
Sein Gesicht verliert (Redewendung), wer sein Ansehen, seinen Respekt einbüßt.

I Gründe	Der Text gibt Antworten auf manche Fragen. Erinnern Sie sich? 1. Warum bereitet die deutsche Sprache mancherlei Kopfzerbrechen? 2. Warum wollte Konrad Duden Ordnung in die deutsche Sprache bringen? 3. Warum bezeichnet man ihn als Vater der deutschen Rechtschreibung? 4. Warum gab es nach 1945 zwei Duden-Redaktionen? 5. Warum verliert keiner sein Gesicht, wenn er zum Duden greift? 6. Haben Sie auch Probleme mit der deutschen Sprache?

II
Eine kleine
Lektion
L

Groß oder klein, das ist hier die Frage. In den folgenden Sätzen fehlt *deutsch* bzw. *Deutsch*. Vielleicht greifen Sie zum Duden?

1. Wer ___ lernt, muß sich mit den Regeln und Gesetzen der ___ Sprache beschäftigen.
2. Die ___ haben damit nicht so große Probleme wie ___ lernende Ausländer.
3. Wenn man ___ spricht, spielt die Groß- und Kleinschreibung keine Rolle.
4. Muß man aber einen Text in ___ schreiben, sollte man Bescheid wissen.
5. Zumindest in der Rechtschreibung gibt es keinen Unterschied, ob ich gut ___ oder gutes ___ spreche.
6. Doch schön ist es, wenn ___lerner sich gut auf ___ unterhalten können und ein verständliches ___ sprechen.

III
Was nicht im
Duden steht

Hier sind einige Scherze, die auf sprachlichen Mißverständnissen beruhen. Können Sie erklären, worin das Mißverständnis besteht?

Arzt: „Sie müssen die Medizin aber immer in einem Zug nehmen.“
Patient: „Und wer bezahlt die Fahrkarte?“

„Verzeihen Sie, Sie schulden mir 50 Mark.“
„Ist schon verziehen!“

„Das ist ja ein toller Ring, was hat der gekostet?“
„Ein Jahr und sechs Monate.“

„Hat dein Hund einen Stammbaum?“
„Ja, aber nur einen sehr kleinen.“

Richter: „Gegen das Urteil können Sie Einspruch erheben oder darauf verzichten.“
Angeklagter: „Dann verzichte ich lieber auf das Urteil, Herr Richter.“

23. Ein Spiegelbild deutscher Geschichte

Die Wartburg bei Eisenach

Die Wartburg bei Eisenach in Thüringen gehört zu den bekanntesten deutschen Burgen und ist zugleich ein Spiegelbild deutscher Geschichte. Sie wurde vor über 900 Jahren errichtet.

Bekannte Minnesänger waren im 12. und 13. Jahrhundert Gäste auf der Burg. Der „Sängerkrieg auf der Wartburg" regte Richard Wagner zu seiner Oper „Tannhäuser" an.

Von 1211 bis 1227 war die Landgräfin Elisabeth auf der Burg zu Hause. Von ihr ist bekannt, daß sie Armen und Kranken half. Als „Heilige Elisabeth" ist sie in die Geschichte eingegangen. Moritz von Schwind hat ihr Leben und das „Rosenwunder" in der Elisabeth-Galerie der Wartburg bildlich gestaltet.

Die Luther-Stube erinnert an Martin Luther, der 1521 auf der Wartburg Teile der Bibel ins Deutsche übersetzte. 1817 fand das Wartburgfest statt. Dieses Treffen der Jenaer Studenten zur Erinnerung an die Reformation und die Völkerschlacht bei Leipzig wurde zur Demonstration für die deutsche Einheit. Die Bundesfarben der Studenten schwarz-rot-gold sind bis heute die Farben der deutschen Staatsflagge.

Übrigens: Besucher der Wartburg, die fußmüde sind, können den Aufstieg zur Burg auf dem Rücken eines Esels zurücklegen. Seit 1890 gibt es auf halbem Weg eine Eselsstation.

Landgrafen waren die Landesherren kleinerer Gebiete, z. B. in Thüringen, im Elsaß und in Schwaben.

Minnesänger nannte man im Mittelalter Dichter, die von Burg zu Burg zogen und dort ihre Gedichte und Lieder vortrugen. Bekannte Minnesänger waren z. B. Walter von der Vogelweide, Wolfram von Eschenbach und Heinrich von Morungen.

Der **Sängerkrieg auf der Wartburg** ist ein episches Gedicht von einem unbekannten Dichter. Der Legende nach sollen sich Minnesänger zum Wettstreit auf der Wartburg getroffen haben.

Martin Luther war als Junker Jörg auf die Wartburg geflohen und lebte unter dem Schutz des Landgrafen.

I
Eine „Kontrolle"

L

Die Ergänzung der folgenden Sätze ist für Sie sicher kein Problem.
1. Die Wartburg liegt im Bundesland ___ .
2. Sie ist schon über ___ Jahre alt.
3. Den „Sängerkrieg auf der Wartburg" hat Richard Wagner in seiner Oper „___" gestaltet.
4. Die „Heilige Elisabeth" war von 1211 bis 1227 ___ von Thüringen.
5. In der ___ der Wartburg hat der Reformator Luther gewohnt und die Bibel übersetzt.
6. Das Treffen der Jenaer Studenten ist als ___ in die Geschichte eingegangen.

II
Vielfalt

Die Wartburg hat in ihrer über 900jährigen Geschichte vielfältige Funktionen erfüllt. Sie können sicher etwas ausführlicher davon berichten.
1. Die Burg war Regierungssitz.
2. Im Mittelalter war sie ein kultureller Treffpunkt.
3. Eine unvergessene Landgräfin hat dort gelebt.
4. Die Wartburg hat jemandem Schutz geboten.
5. Sie war eine Begegnungsstätte.
6. Für Tausende Besucher ist sie ein Anziehungspunkt.
7. Auf halbem Weg zur Burg gibt es eine Eselsstation.

III
Spiegelbilder

Die Wartburg als „Spiegelbild deutscher Geschichte" haben wir als sprachliches Bild verstanden. Aber wie erklären Sie die nachstehenden Wendungen, bzw. Wörter?
1. jemandem einen Spiegel vorhalten
2. sich etwas hinter den Spiegel stecken
3. sich im Spiegel betrachten
4. Spiegelfechterei betreiben
5. Spiegelschrift lesen
6. ein Spiegelei braten

24. Es war einmal ...

Die Brüder Grimm

Mit diesen Worten beginnen viele Märchen. Kinder hören sie gern, wenn sie noch klein sind, und greifen selbst zum Märchenbuch, wenn sie lesen können. Sie finden ihre Geschichten vom „Rotkäppchen", „Dornröschen" oder „Schneewittchen" in den „Kinder- und Hausmärchen" der Brüder Grimm.

Die beiden deutschen Germanisten Jacob und Wilhelm Grimm hatten sechs Jahre lang Märchen gesammelt, aufgeschrieben und 1812 den ersten Band ihrer Märchensammlung herausgegeben. Im Vorwort schrieben sie: „Wenig Bücher sind mit solcher Lust entstanden." Wir können heute hinzufügen: Wenig Bücher haben Kindern in aller Welt so viel Freude bereitet, denn inzwischen wurden die Märchenbücher der Brüder Grimm in 140 Sprachen übersetzt.

Die Krönung des Lebenswerkes der beiden Germanisten ist jedoch ihre Arbeit an der deutschen Sprache. Sie hatten es sich zur Aufgabe gemacht, den Wortschatz des Deutschen von Luther bis Goethe zu erschließen. Als Jacob Grimm 1863 vier Jahre nach seinem Bruder starb, waren alle Wörter bis zum Buchstaben F erfaßt. Erst hundert Jahre später wurde dieses Werk, das „Deutsche Wörterbuch", von Wissenschaftlern der Akademien Berlin und Göttingen mit dem Band 32 abgeschlossen.

Als **Märchen** bezeichnet man phantasievolle Erzählungen für Kinder, die früher im Volk mündlich weitergegeben wurden. Zu den Volksmärchen zählen z. B. die orientalischen „Märchen aus 1001 Nacht".

Kunstmärchen schrieben z. B. Wilhelm Hauff, Eduard von Mörike und Christian Andersen.

Die **Germanistik** ist die Wissenschaft von den germanischen Sprachen, der Kunst und Kultur der Germanen; im engeren Sinn von der deutschen Sprache und Literatur.

Der Höhepunkt einer Arbeit oder eines Lebenswerkes wird gern als **Krönung** bezeichnet.

Martin Luther (1483-1546), der deutsche Reformator, hat mit seiner Bibelübersetzung wesentlich zur Schaffung einer deutschen Hochsprache beigetragen. Johann Wolfgang von **Goethe** (1749-1832) war als Dichter der deutschen Klassik ein Meister der deutschen Sprache.

I
Zum Text

Können Sie einige Gedanken wiedergeben
1. zur Überschrift „Es war einmal ...“
2. zur Rolle des Märchens
3. zur Märchensammlung der Brüder Grimm
4. zum Lebenswerk der beiden Germanisten

II
Rund ums Märchen
L

Die folgenden Wörter bieten wir Ihnen zur Auswahl:

Märchensammlung – Märchengestalten – Märchenoper – Märchenland – Märchenfilme – Märchenbuch

In welche Lücken des nachstehenden Textes passen diese Wörter?
1. Kinder sehen im Kino oder im Fernsehen gern ___ .
2. Die Geschichten aus „1001 Nacht“ sind eine ___ aus dem Orient.
3. Bekannte ___ sind die Fee, der Zwerg, die Hexe oder der Riese.
4. „Hänsel und Gretel“ heißt eine ___ von dem Komponisten Humperdinck.
5. Der Vergnügungspark Disneyland bei Los Angeles in den USA ist für Kinder und Erwachsene ein ___ .
6. Zu einem schönen ___ gehören auch schöne Märchenbilder.

III
Wie ein Märchen
L

Was wird hier zum Ausdruck gebracht? Verstehen Sie die folgenden Äußerungen? Können Sie sie mit anderen Worten erklären?
1. Deine Reise muß ja märchenhaft gewesen sein.
2. Ach hör’ auf, erzähl’ doch keine Märchen!
3. Stell dir vor, er wollte mir ein Märchen auftischen, warum er gestern nicht gekommen ist.
4. Er hat ja wirklich märchenhaftes Glück mit seiner neuen Stelle gehabt.
5. Es war dort wie in einem Märchenland.
6. Sie scheint nun wirklich ihren Märchenprinzen gefunden zu haben.

25. Zahlen waren seine Welt

Carl Friedrich Gauß

Die Mathematik ist nicht jedermanns Sache, aber sie gehört zu unserem Leben wie andere Wissenschaften auch. Carl Friedrich Gauß, der von 1777 bis 1855 lebte, ging die Rechenkunst über alles. Er sage einmal scherzhaft: „Ich konnte als Kind eher rechnen als sprechen."

Sein Lehrer förderte das mathematische Talent des Schülers, der später einen Freiplatz an der Universität Göttingen erhielt. Schon als Student löste er ein Problem, das bis dahin als unlösbar gegolten hatte: die Konstruierbarkeit aller regelmäßigen Vielecke mit Zirkel und Lineal.

Carl Friedrich Gauß lehrte und forschte an der Göttinger Universität. Unter seinem Namen sind zahlreiche mathematische, geometrische, astronomische und geodätische Entdeckungen veröffentlicht. Im Jahr 1849 feierte er sein goldenes Doktorjubiläum. Den Tag, an dem er seinen Doktortitel erhielt, hatte er in seinem Tagebuch mit der Zahl 8 113 notiert. So viele Tage waren von seiner Geburt bis zum Erreichen des Doktorgrades vergangen. Auf diese Weise verschlüsselte er Daten aus seinem Leben; wahrscheinlich konnte nur er selbst sein Tagebuch lesen und verstehen.

Auf dem 10 DM-Schein ist der bekannte Mathematiker, Astronom und Physiker im Alter von 63 Jahren abgebildet.

Nicht jeder liebt die Mathematik und interessiert sich dafür: sie **ist nicht jedermanns Sache**.

Geodäsie ist die Lehre von der Erdmessung. Sie wird vor allem auch für die Land- und Feldvermessung angewendet.

I
Erklärungen

L

Was geschah? Können Sie die nachstehenden Bemerkungen etwas genauer erklären?

1. Der Lehrer förderte seinen Schüler Carl Friedrich Gauß.
2. Gauß bekam einen Freiplatz an der Universität.
3. Schon als Student löste er ein Problem.
4. Gauß lehrte und forschte an der Göttinger Universität.
5. Er führte ein Tagebuch.
6. Millionen Menschen tragen heute sein Bild bei sich.

II
Mehr über Gauß

Berichten Sie in ganzen Sätzen, was das Lexikon über den Wissenschaftler schreibt.

geboren 30.4.1777 in Braunschweig – gestorben 23.2.1855 in Göttingen – Dissertation „Fundamentalsatz der Algebra" – Promotion ohne mündliche Prüfung, da Dissertation hervorragend – 1809 astronomisches Hauptwerk „Theorie der Bewegung der Himmelskörper" – 1833 Erfindung der elektromagnetischen Telegrafie – nach seinem Tod Gedenkmünze „Fürst der Mathematiker"

III
Rund um die
Wissenschaft

Können Sie die folgende Tabelle vervollständigen?

Naturwissenschaft	naturwissenschaftlich	Naturwissenschaftler
Mathematik	_____	_____
_____	_____	Astronom
_____	physikalisch	_____
Chemie	_____	_____
_____	_____	Geodät
_____	biologisch	_____
_____	_____	Mediziner

26. Wenn Steine reden könnten

Von einer Turmruine in Nordhausen

Auf dem Petersberg in Nordhausen steht eine Turmruine. Sie ist der Rest der ehemaligen Petrikirche aus dem 14. Jahrhundert, die dem letzten Krieg zum Opfer gefallen ist. Die Feldsteine, aus denen der sechzig Meter hohe Turm gemauert ist, könnten viel erzählen, wenn sie nur reden könnten.

Die Chronik berichtet, daß früher jeden Abend um acht Uhr die Turmglocke läutete. Das bedeutete, daß die Gastwirte kein Bier mehr verkaufen durften. Die Leute nannten sie deshalb gern *Bierglocke*.

Man erzählt auch, daß sich vor Jahren einmal zwei kleine Mädchen im Wald verlaufen hatten. Als die Glocke läutete, gingen die Mädchen dem Klang nach und fanden den Weg zurück nach Hause. Die glücklichen Eltern machten der Kirche ein großes Geschenk, und der Pfarrer ließ daraufhin jeden Abend die Glocke läuten als Zeichen, daß alle Kinder nach Hause kommen sollten.

Eine andere Sage erzählt, daß die Glocke einmal dem Türmer das Leben gerettet hat. Als der Tod in der Geisterstunde auf den Turm gestiegen war, um den Türmer zu holen, stellte der kluge Mann die Turmuhr ein bißchen vor, die Glocke schlug ein Uhr, und die Geisterstunde war beendet. Der Tod mußte umkehren, und der Türmer war noch einmal davongekommen.

Nordhausen ist eine Stadt im Südharz. Eine bekannte Spezialität ist der „Nordhäuser Korn", ein Branntwein, der aus Getreide hergestellt wird.

Zum Opfer fallen ist eine Redewendung und heißt hier „vernichtet werden".

Auf manchen Kirchtürmen wohnte früher ein **Türmer**, der die Glocke läuten und nach Feuer oder dem Feind Ausschau halten mußte.

Die Stunde nachts zwischen zwölf und ein Uhr wird scherzhaft **Geisterstunde** genannt, die Stunde, in der die Geister erscheinen.

Wenn jemand **noch einmal davongekommen** ist, dann hat er Glück gehabt, ist einer gefährlichen oder unangenehmen Situation nur knapp entgangen.

I

Was wir im Text
alles erfahren

Vervollständigen Sie mit einem Nebensatz.

1. Der Text berichtet, ...
2. Im Text steht, ...
3. Aus dem Text erfahren wir, ...
4. Der Text beschreibt, ...
5. Er erzählt uns, ...
6. Durch den Text wissen wir, ...
7. ...

Hier einige Stichwörter, die Ihnen vielleicht hilfreich sind:

Nordhausen – alte Turmruine – 14. Jahrhundert – Turmglocke – abends acht Uhr – Bierglocke – zwei Mädchen – den Weg nach Hause gefunden – Geisterstunde – Tod auf den Turm gestiegen – Türmer – Uhr vorgestellt – der Tod umgekehrt

II

Was wäre, wenn?

Was wäre wohl alles passiert,

1. wenn die Bierglocke nicht geläutet hätte?
2. wenn die beiden Mädchen die Glocke nicht gehört hätten?
3. wenn der Türmer die Uhr nicht vorgestellt hätte?
4. wenn der Tod die Geisterstunde nicht beachtet hätte?
5. wenn es in Nordhausen keine Chronik gäbe?

III

Übung macht
den Meister

1. Beschreiben Sie die Turmruine auf dem Petersberg.
2. Erklären Sie den Namen *Bierglocke*.
3. Erzählen Sie von der Rettung der beiden Mädchen.
4. Berichten Sie, wie sich der Türmer zu helfen wußte.

27. Eine Frau mit Doktorhut

Dorothea Christiane Erxleben

In Quedlinburg, einer Kreisstadt im Vorharz, ist an einem Haus in der Kaplanei zu lesen:

> Hier lebte und praktizierte von 1754 bis 1762
> die erste deutsche Ärztin,
> **Frau Doktor Dorothea Christiane Erxleben**.

Selbstverständlich war im 18. Jahrhundert der Arztberuf für eine Frau aber nicht. Zuerst einmal brauchte sie eine Erlaubnis zum Medizinstudium. Die bekam Frau Erxleben, die Frau des Pfarrers, vom preußischen König Friedrich II. Er erteilte die Zulassung, obwohl es eine Frau als Medizinerin in Preußen noch nie gegeben hatte. Aber Friedrich wollte sich keine altmodischen Ansichten nachsagen lassen. Und so geschah das für die damalige Zeit „Unerhörte", daß eine Frau Kranke heilen wollte, was bis dahin nur die Vertreter des männlichen Geschlechts durften. Natürlich war den Quedlinburger Ärzten diese Frau ein Dorn im Auge. Sie forderten in einem Brief an die Stadtväter die „Pfuscherei", wie sie die Arbeit der Ärztin nannten, sofort zu verbieten. Doch Frau Dr. Erxleben konnte sich auf die königliche Erlaubnis berufen. Sie legte an der Universität Halle eine weitere Prüfung ab und praktizierte bis zu ihrem Tod 1762.
Dorothea Erxleben ist als erste deutsche Ärztin in die Geschichte eingegangen.

Der Doktortitel ist ein akademischer Grad, der nach der Promotion (schriftliche Arbeit und mündliche Prüfung) verliehen wird. Bei der Verleihung des Titels trugen früher die neuernannten Doktoren als äußeres Zeichen den **Doktorhut.**
Altmodische Ansichten sagt man denen nach, die sich gegen moderne, fortschrittliche und neue Ideen und Bemühungen stellen.
Schlechte, nicht fachgemäße Arbeit gilt umgangssprachlich als **Pfuscherei** (der Pfuscher, pfuschen).

I
Fragen zum Text

L

Sie finden hier Antworten, zu denen Sie die entsprechenden Fragen formulieren sollen.

1. Dorothea Erxleben war die erste deutsche Ärztin.
2. Der König persönlich mußte die Erlaubnis zum Medizinstudium geben.
3. Weil bis dahin nur Männer als Ärzte praktizierten.
4. Sie forderten in ihrem Brief, daß Dorothea Erxleben die Arbeit als Ärztin verboten werden sollte.
5. Nein, denn sie hatte ja die Erlaubnis des Königs.
6. Von 1754 bis zu ihrem Tod 1762.

II
Wortschatz aus
dem Text

Verwenden Sie die schräg gedruckten Wörter und Wendungen in Ihren Antworten auf die folgenden Fragen.

1. Wer (oder was) ist Ihnen *ein Dorn im Auge*?
2. Kennen Sie jemanden, der *altmodische Ansichten vertritt*?
3. Bei welcher Gelegenheit kann man *sich auf das Gesetz berufen*?
4. Wofür ist Ihnen schon einmal *eine Zulassung erteilt* worden?
5. Haben Sie schon einmal Erfahrung mit einem *Pfuscher* gemacht?

III
Fachärzte/
Fachärztinnen

L

Ersetzen Sie in den nachstehenden Sätzen die Pronomen durch die genaueren Bezeichnungen. Achten Sie dabei besonders auf die Wortstellung.

– *Er* leitet eine Klinik oder ein Krankenhaus.	– Augenarzt
– *Sie* erlöst uns von Zahnschmerzen.	– Kinderärztin
– Zu *ihm* müssen wir gehen, wenn wir Sehstörungen haben.	– Neurologin
– Bei *ihr* sind unsere Kleinen gut aufgehoben.	– Chefarzt
– Um Schlafstörungen, Nervosität und psychische Krankheiten kümmert *sie* sich.	– Tierarzt
– Hunde, Katzen, aber auch Elefanten und Löwen gehören in *sein* Fachgebiet.	– Sportarzt
– Fußballer kommen ohne *ihn* kaum noch aus.	– Zahnärztin

28. Vom Ernst des Lebens

Die Zuckertüte zum Schulanfang

Der erste Schultag ist für Kinder und Eltern ein wichtiges Ereignis. Für die Sechsjährigen beginnt der „Ernst des Lebens". Die Kleinen sehen diesem Tag mit großen Erwartungen entgegen, manche vielleicht auch ein wenig ängstlich.

In Deutschland gibt es seit dem vorigen Jahrhundert einen schönen Brauch: Die Schulanfänger, man sagt auch ABC-Schützen, bekommen zur Einschulung ein Geschenk. Das ist eine bis achtzig Zentimeter hohe Tüte aus starker Pappe mit lustigen Bildern. In dieser Schultüte, auch Zuckertüte genannt, sind Süßigkeiten, Spielsachen oder andere kleine Geschenke.

Mancherorts finden die ABC-Schützen die Tüte auf ihrem Platz, wenn sie zum ersten Mal das Klassenzimmer betreten. Anderswo hängen sie auf einem Zuckertütenbaum vor der Schule, und jedes Kind darf sich nach dem Unterricht sein Geschenk vom Baum pflücken. Meistens aber warten die Eltern und Verwandten mit der Zuckertüte vor der Schule. Dort entsteht meist auch das erste Schulfoto.

Den Schulanfängern wird so der „Ernst des Lebens" ein wenig versüßt, und sie haben eine besondere Erinnerung an den Tag ihrer Einschulung. Und für viele Familien ist dieser Tag ein willkommener Anlaß für eine kleine Familienfeier.

Die Kinder werden normalerweise nach Vollendung des sechsten Lebensjahres, also als **Siebenjährige**, eingeschult. Die gesetzliche Schulpflicht endet erst nach neun Jahren Schulbesuch.

Einen einheitlichen Tag für die **Einschulung** gibt es nicht. Die einzelnen Bundesländer sind für das Schulwesen verantwortlich, und die Bestimmungen sind von Land zu Land unterschiedlich.

I Zur Wiederholung	Können Sie wiedergeben,

1. in welchem Alter die Kinder in Deutschland eingeschult werden?
2. seit wann der Brauch mit der Schultüte besteht?
3. wie die Schultüte noch genannt wird?
4. womit diese Tüte gefüllt ist?
5. wo die Kinder dieses Geschenk zum Schulanfang bekommen?
6. welche symbolische Bedeutung darin liegt?

II
Einzelheiten

Sicher erinnern Sie sich, in welchem Zusammenhang die folgenden Wortgruppen im Text stehen. Geben Sie Einzelheiten wieder.

> ein wichtiger Tag – große Erwartungen – ein schöner Brauch – starke Pappe – lustige Bilder – kleine Geschenke – eine besondere Erinnerung – ein willkommener Anlaß

III
Erinnerung

Können Sie sich noch an Ihre Einschulung erinnern? Erzählen Sie,

1. ... wann Sie eingeschult wurden.
2. ... wo Sie zum ersten Mal in die Schule gingen.
3. ... wer Sie dabei begleitet hat.
4. ... wie die erste Schulstunde verlief.
5. ... ob Sie auch ein Geschenk zur Einschulung erhalten haben.
6. ... woran Sie sich noch besonders erinnern können.

29. Wer war das?

Johann Wolfgang von Goethe

Seine Leistungen auf naturwissenschaftlichem Gebiet konnten sich sehen lassen. Er beschäftigte sich mit Optik, Mineralogie, Geologie und Biologie. 1818 wurde er zum Ehrenmitglied der Akademie der Naturforscher berufen.

Schon als Jurastudent in Leipzig und Straßburg hatte er sich mit Anatomie, Physiologie und Chemie beschäftigt. 1784, als er schon als Dichter einen Namen hatte, entdeckte er im oberen Teil der Mundhöhle des Menschen einen Knochen, den sogenannten *Zwischenkiefernknochen*.

Bei seinen biologischen Studien verglich er Blütenpflanzen und Wirbeltiere. Charles Darwin bezeichnete ihn auf Grund seiner Forschungsergebnisse als Vorläufer seiner Abstammungslehre. Auch seine Leistungen auf dem Gebiet der Optik hatten Hand und Fuß. Er selbst betrachtete seine Farbenlehre als Hauptwerk seines Lebens. Bekannt und berühmt in aller Welt wurde er aber nur durch sein literarisches Werk.

Unser „Unbekannter" wurde 1749 in Frankfurt am Main geboren und starb 1832 in Weimar.

Lust und Talent zum Malen hatte er übrigens auch noch. Die Bilder und Skizzen, die er auf einer ausgedehnten Italienreise geschaffen hat, legen Zeugnis davon ab. Natürlich wissen Sie längst, daß von keinem Geringeren als von Johann Wolfgang von Goethe die Rede ist.

Goethe **hatte** schon **einen Namen** als Dichter, d. h., er war als Dichter gut bekannt.

Seine Leistungen **hatten Hand und Fuß**, bzw. sie **konnten sich sehen lassen** bedeutet, sie waren fundiert und wissenschaftlich durchdacht.

Die Bilder **legen Zeugnis** von seinem Talent **ab**, sie sind ein Beweis für sein Talent, für sein Können.

Von Goethe **ist die Rede**, er ist gemeint, von ihm wird gesprochen.

I	Wenn Sie den Text gut verstanden haben können Sie das *Jemand* bzw. das *Etwas* in

I
Wer oder was?

L

Wenn Sie den Text gut verstanden haben können Sie das *Jemand* bzw. das *Etwas* in den folgenden Sätzen durch die entsprechende Person bzw. Sache ersetzen.

1. *Jemand* hatte sich als Student auch mit Anatomie, Physiologie und Chemie beschäftigt.
2. Goethe wurde 1818 zu *etwas* berufen.
3. Bereits 1784 hatte er *etwas* entdeckt.
4. *Jemand* bezeichnete ihn als Vorläufer seiner Abstammungslehre.
5. *Etwas* sollten wir nicht vergessen zu erwähnen.
6. Wir wissen, daß von *jemandem* die Rede ist.

II
Zuordnung

L

Sie finden hier noch einmal alle Wissenschaftsgebiete aufgeführt, die im Text genannt sind.
Rechts stehen Begriffe, die diesen Gebieten zuzuordnen sind. Verwenden Sie

gehören zu – sich beschäftigen mit – ein Teil sein von

die Optik	eine Gattung der bildenden Kunst
die Mineralogie	Erzählungen, Romane und Gedichte
die Geologie	die Entstehung unserer Erde
die Anatomie	die Farbenlehre
die Physiologie	die Lebensvorgänge in lebenden Organismen, z. B. bei Pflanzen, Tieren und Menschen
die Chemie	Erze, Edelsteine, Kristalle usw.
die Literatur	das Periodensystem der Elemente
die Malerei	der Körperbau von Mensch und Tier

III
Mehr über
Goethe

Mit Hilfe der folgenden Notizen könnten Sie mit einem Partner oder einer Partnerin ein Gespräch über Goethe führen.

„Wußtest du, daß ...?"   „Natürlich weiß ich, ..."   „Nein, mir war nicht bekannt, daß ..."

nach dem Studium als Rechtsanwalt tätig – erster Roman „Die Leiden des jungen Werther" – 1775 nach Weimar berufen – führender Dichter der deutschen Klassik – sehr bald Freundschaft mit dem Herzog von Sachsen-Weimar – in Weimar als Minister am Hof des Herzogs – 1786-88 Italienreise – mit Christiane Vulpius verheiratet, einen Sohn August – mit Schiller befreundet – literarisches Hauptwerk „Faust"

30. Edelweiß im Erzgebirge

Von einer botanischen Besonderheit

Von Juni bis September trifft man in der Gegend um Schwarzenberg im Erzgebirge auf eine weiße Blütenpracht. Sie breitet sich an den südlichen Hängen aus. Von weitem denkt man, daß ein Wasserfall ins Tal rauscht.

Diese weißen Blüten sind für das Erzgebirge eine botanische Besonderheit, die man in Deutschland nur bei Schwarzenberg findet. Bei den Einheimischen heißt sie *Schwarzenberger Edelweiß*, die Botaniker nennen sie *Chrysanthemum partheniifloium*. Doch wie kommt nun dieses „Edelweiß" ins Erzgebirge, und warum ist es nur dort in der Nähe von Schwarzenberg zu finden?

Die eigentliche Heimat dieser Pflanze ist das sonnige Spanien. Wie sie von dort ins Erzgebirge kam, berichtet die Chronik:

Vor etwa hundertfünfzig Jahren wurde in Raschau bei Schwarzenberg eine Korkfabrik gebaut. Der Rohstoff für diese Fabrik kam aus Spanien. Dort nämlich gewinnt man den Kork aus der Rinde eines Baumes, der Korkeiche. In Schwarzenberg wurden die Baumstämme von der Eisenbahn auf Pferdewagen umgeladen, denn Raschau hatte keinen Bahnhof. Dabei sind die Samenkörner dieser Blume, die an der Korkeiche hafteten, herausgefallen. Der Samen fand an den warmen Südhängen günstige Lebensbedingungen. Und so hat das Erzgebirge sein „Edelweiß" bekommen.

Die Pflanze hat überlebt, aber die Korkfabrik existiert längst nicht mehr.

Wollen Sie jemandem den Text erzählen? Die folgenden Notizen helfen Ihnen dabei.

I
Zum Nacher-
zählen

weiße Blüten im Erzgebirge – eine botanische Besonderheit – von Spanien bis ins Erzgebirge – Chronik – vor 150 Jahren eine Korkfabrik in Raschau – dafür Korkeiche aus Spanien – Baumstämme in Schwarzenberg umgeladen – Samenkörner herausgefallen – günstige Lebensbedingungen – keine Korkfabrik mehr – Blume überlebt

II Wissenswertes	Hier sind einige Angaben aus dem Lexikon. Formulieren Sie kurze Texte.

II
Wissenswertes

Hier sind einige Angaben aus dem Lexikon. Formulieren Sie kurze Texte.

1. Edelweiß: seltene Pflanze in den Alpen, Pyrenäen und Karpaten – an südlichen Hängen in über 1 700 Meter Höhe – unter Naturschutz

2. Kork: Rohstoff aus der Rinde der Korkeiche – Baumart im Mittelmeergebiet – Verwendung für Flaschenverschlüsse (Weinflaschen)

3. Erzgebirge: deutsches Mittelgebirge an der deutsch-böhmischen Grenze – 150 km lang, 40 km breit – waldreich, Moorgebiete – Keilberg 1 244 m, Fichtelberg 1 214 m hoch

III
Zusammensetzungen

L

Können Sie aus den schräg gedruckten Satzteilen zusammengesetzte Substantive bilden?

1. Bei Schwarzenberg im Erzgebirge erfreuen sich die Menschen von Juni bis September an der *Pracht* weißer *Blüten*.

2. Im Mittelmeergebiet wachsen *Eichen*, deren Rinde zu *Kork* verarbeitet wird.

3. Die Stämme dieser Bäume wurden vor hundertfünfzig Jahren mit *Wagen* transportiert, *die von Pferden gezogen wurden*.

4. An den *Hängen, die nach Süden liegen*, fanden die Samen der Blume günstige Voraussetzungen sich auszubreiten.

5. Auch Pflanzen brauchen also *zum Leben* gute *Bedingungen*.

6. *Fabriken, in denen Kork verarbeitet wird*, gibt es im Erzgebirge nicht mehr, aber das „Edelweiß" blüht noch jedes Jahr.

IV
Durch die Blume

L

Welche Erklärung stimmt für die folgenden Redewendungen?

1. etwas durch die Blume sagen
   a) frei und offen reden
   b) etwas verhüllt und versteckt sagen

2. eine blühende Phantasie haben
   a) jdm. fallen die tollsten Sachen ein
   b) jd. ist sehr intelligent

3. das Geschäft blüht
   a) das Geschäft geht sehr gut
   b) sein Besitzer muß sich Sorgen machen

4. Vielen Dank für die Blumen!
   a) jd. freut sich über ein Lob
   b) jd. ärgert sich über etwas

5. jdm. blüht zu Hause etwas
   a) jdn. erwartet zu Hause eine böse Überraschung
   b) jd. hat einen großen Blumengarten

31. Vorfreude – schönste Freude

Vorweihnacht und Nikolaustag

Schon ab September erinnern uns die Geschäfte und Kaufhäuser mit ihren Angeboten daran, daß Weihnachten bald vor der Tür steht.

Ende November öffnen dann auch die Weihnachtsmärkte ihre Pforten. Um einen
großen Weihnachtsbaum stehen zahlreiche Buden und bieten leckere Sachen an.
Weihnachtslieder werden gespielt, überall klingt, riecht und schmeckt es nach Weihnachten. Weihnachtsstimmung wird verbreitet, und es herrscht Vorfreude auf das
Fest.

Für die Kinder wird die Wartezeit zum Heiligabend ein wenig verkürzt. Sie dürfen
am 5. Dezember vor dem Schlafengehen ihre geputzten Schuhe vor die Tür stellen. Den guten Kindern legt Sankt Nikolaus in der Nacht eine Kleinigkeit in die
Schuhe. Wer aber nicht artig war, findet am Morgen auch eine Rute darin.

Am 24. Dezember ist es endlich soweit. Der Weihnachtsmann bringt am frühen
Abend den Kindern die Weihnachtsgeschenke. Natürlich gehen auch die Er-
wachsenen nicht leer aus. Die Kerzen am Weihnachtsbaum werden angezündet,
Weihnachtslieder gesungen und die Geschenke ausgepackt.

Das Weihnachtsfest ist in Deutschland bei jung und alt das beliebteste Fest. Die
Vorbereitungen sind streng geheim, denn die Geschenke sollen nicht nur Freude
bereiten, sondern auch eine Überraschung sein.

Der **Weihnachtsmann** ist hauptsächlich in Norddeutschland bekannt. In Süd-
deutschland bringt das Christkind die Geschenke, deshalb heißt dort der **Weihnachtsmarkt** auch Christkindlmarkt.

Öffnet der Weihnachtsmarkt **seine Pforten**, dann beginnt der Verkauf auf dem
Markt.

Leckere Sachen auf dem Weihnachtsmarkt sind vor allem weihnachtliche Köst-
lichkeiten, wie Bratäpfel, Zuckerwatte, Pfeffer- und Lebkuchen sowie Bratwürste.

Am 6. Dezember ist der Nikolaustag. **Sankt Nikolaus** gilt seit dem Mittelalter als
Heiliger und Schutzpatron der Kinder.

Heiligabend, der 24. Dezember, gilt als Tag der Geburt von Jesus Christus. In der Kirche finden Gottesdienste statt. Zu Hause wird das Fest meist im Familienkreis gefeiert.

Wer **leer ausgeht,** hat nichts geschenkt bekommen.

I
Es weihnachtet sehr

L

Wissen Sie es? Wählen Sie die richtige Antwort in der rechten Spalte aus.

– Er wird schon Ende November eröffnet.	– der Weihnachtsbaum
– Geschmückt und mit Kerzen behängt, erfreut er jung und alt.	– der Weihnachtsmann
– Darauf freuen sich vor allem die Kinder, die Erwachsenen aber auch	– der Weihnachtsabend
– Das ist der Abend des 24. Dezembers	– das Weihnachtsgeschenk
– Er ist schon sehr alt und hat einen weißen Bart.	– die Weihnachtsstimmung
– Die wird immer größer, je näher das Fest rückt.	– der Weihnachtsmarkt

II
Auch das gehört zum Weihnachtsfest

L

Können Sie in den folgenden Sätzen das jeweils passende Wort einsetzen?

Tannenbaum – Schwibbogen – Nußknacker – Weihnachtspyramide – Christbaumschmuck – Weihnachtsgans – Räuchermännchen – Weihnachtsstollen

1. In vielen Familien gehört auch das Essen zur weihnachtlichen Tradition. Die ___ ist ein beliebter Weihnachtsbraten; zum Kaffee gibt es ___, der oft mit Marzipan gefüllt ist.
2. ___ und ___ sind Figuren aus dem Erzgebirge; der eine verbreitet den Duft der Räucherkerzen, mit dem anderen können Nüsse geknackt werden.
3. Die ___ dreht sich durch die Wärme der Kerzen, und Holzfiguren wie Engel, Tiere usw. bewegen sich dadurch im Kreis.
4. An den Bergbau im Erzgebirge erinnert der ___. Er steht mit Kerzen oft schon lange vor Weihnachten in den Fenstern.
5. Am ___ hängt ___, der durch das Licht der Kerzen strahlt und glitzert.

III
Bei uns zu Hause

Sie haben vom Weihnachtsfest in Deutschland gelesen. Wie ist das bei Ihnen? Wird das Weihnachtsfest in Ihrem Land gefeiert? Gibt es ähnliche Weihnachtsbräuche, oder ist manches ganz anders?
1. Welche Rolle spielt die Vorweihnachtszeit?
2. Kommt Sankt Nikolaus auch am 6. Dezember zu den Kindern, oder gibt es für Kinder andere Bräuche zur Vorweihnachtszeit?
3. Welchen Charakter hat der Heiligabend bei Ihnen?
4. Würden Sie Weihnachten in Ihrer Heimat auch als das beliebteste Fest bezeichnen, oder ist das bei Ihnen ein anderes Fest?

32. Eine Perle Sachsens

Das Elbsandsteingebirge

Südlich von Dresden, zwischen Pirna und der Grenze zur Tschechischen Republik, liegt das Elbsandsteingebirge, auch „Sächsische Schweiz" genannt. Seine Berge und Felsen links und rechts der Elbe sind nur dreihundert bis vierhundert Meter hoch, und das Gebiet ist kaum 375 Quadratkilometer groß, aber von seltener Schönheit.

Wanderwege führen vorbei an bizarr geformten Sandsteinfelsen, durch tiefe Schluchten und romantische Täler. Besonders beliebt ist die Sächsische Schweiz bei den Bergsteigern. Etwa fünfhundert Felsgipfel laden zum Klettern ein. Das Elbsandsteingebirge ist eine Perle im Freistaat Sachsen. Alljährlich finden Hunderttausende dort Ruhe und Erholung.

Aber dem kleinen Gebirge drohen Gefahren, der Tourismus fordert seinen Preis. Die vielen Besucher hinterlassen Spuren, die nicht ohne Folgen für die Natur bleiben. Seit 1991 ist deshalb ein Teil des Gebietes zum Nationalpark erklärt worden. Das bedeutet Verbot jeder wirtschaftlichen Nutzung, die Natur wird sich selbst überlassen. Besucher des Nationalparks dürfen sich nur auf markierten Wanderwegen aufhalten. In den nächsten Jahren soll das gesamte Elbsandsteingebirge Nationalpark werden, damit die Besonderheit und Einmaligkeit der Sächsischen Schweiz erhalten bleibt.

Das wird nur möglich sein, wenn die Besucher die Forderung nach „sanftem Tourismus" akzeptieren.

Perlen sind beliebte und wertvolle Schmuckstücke, z. B. an einer Perlenkette. In unserem Text ist die „Perle" ein besonderes „Schmuckstück" der Natur.
Sandstein ist ein sehr weiches und helles Gestein, das durch Wind und Wetter leicht verformt wird.
Der Name **Sächsische Schweiz** ist in der Zeit der Romantik (18. Jh.) entstanden und bezeichnet den landschaftlichen Charakter des Gebirges.

Das **Bergsteigen** ist eine Sportart. Bergsteiger **klettern** an steilen Felsen, meist in Gruppen und an Seilen gesichert.

I

Zur Richtigstellung

L

Hier stimmt etwas nicht. Korrigieren Sie die folgenden Sätze.

1. Zwischen Dresden und Pirna liegt das Elbsandsteingebirge.
2. Riesige Berge und Felsen, so hoch wie in den Alpen, ragen links und rechts der Elbe empor.
3. Wanderwege führen durchs Gebirge, meist bis auf die höchsten Gipfel.
4. Trotz der zahlreichen Touristen, die alljährlich in der Sächsischen Schweiz sind, ist die Natur noch sauber und unzerstört geblieben.
5. Das gesamte Gebiet des Elbsandsteingebirges ist schon seit langem Nationalpark.
6. Das Bergsteigen ist in diesem Gebirge nicht erlaubt.

II

Sprachliche Bilder

L

Können Sie die folgenden sprachlichen Bilder näher erklären?

1. Das Elbsandsteingebirge ist *eine Perle Sachsens.*
2. Felsgipfel *laden zum Klettern ein.*
3. Dem kleinen Gebirge *drohen Gefahren.*
4. Der Tourismus *fordert seinen Preis.*
5. Die vielen Besucher *hinterlassen Spuren.*
6. Die Natur wird *sich selber überlassen.*
7. Von den Besuchern wird *sanfter Tourismus* erwartet.

III

Eine Einladung

Jan lädt seine Freundin Silvia zu einem Kurzbesuch in die Sächsische Schweiz ein. Wir kennen nur Silvias Reaktionen und Gegenfragen. Übernehmen Sie Jans Rolle bei diesem Gespräch.

Jan: ...
Silvia: Ja gern, aber wo liegt das?
Jan: ...
Silvia: Wie kommen wir dorthin?
Jan: ...
Silvia: Was gibt es da Besonderes zu sehen?
Jan: ...
Silvia: Aber du erwartest doch nicht, daß ich mit dir auf die Felsen klettere?
Jan: ...
Silvia: Dann ja. Und was soll ich mitbringen?
Jan: ...
Silvia: Prima, ich freue mich. Holst du mich ab?
Jan: ...
Silvia: Gut, ich bin pünktlich. Bis morgen. Tschüs!
Jan: ...

33. Vogelhochzeit

Ein Volksfest der Sorben

In der Lausitz sind die Sorben, eine slawische Volksgruppe, zu Hause. Es sind Nachfahren von Auswanderern, die sich vor mehr als tausend Jahren in diesem Raum angesiedelt haben. Heute leben noch ca. 50 000 Sorben im Spreewald und im Gebiet um Bautzen. Sie haben ihre eigene Sprache und pflegen ihre Sitten und Bräuche.

Die Sorben der Oberlausitz feiern am 25. Januar das Fest der Vogelhochzeit.

Am Vorabend stellen die Kinder einen Teller aufs Fensterbrett. Darauf finden sie am Morgen allerlei Gebäck und Süßigkeiten. Die Vögel – so wissen die Kinder – feiern an diesem Tag Hochzeit. Und an diesem besonderen Tag bedanken sie sich bei den Kindern dafür, daß sie ihnen im kalten Winter Futter gestreut haben.

An diesem Feiertag machen die Kinder einen Festumzug. Sie sind als Braut und Bräutigam gekleidet oder tragen prächtige Vogelkostüme. Abends feiern die Erwachsenen ihre Vogelhochzeit mit Musik, Tanz und lustigen Spielen. Sie tragen an diesem Feiertag ihre schönen sorbischen Nationaltrachten.

Der Ursprung dieses sorbischen Volksfestes liegt wahrscheinlich im Kult der Vorfahren, den Verstorbenen Speisen aufs Grab zu legen. Daraus hat sich das Fest der Vogelhochzeit entwickelt.

Zur **Lausitz** erfahren Sie etwas in der folgenden Aufgabe.

Nachfahren sind Kinder, Nichten und Neffen, Enkel usw., also alle, die nach uns leben; **Vorfahren** sind die Generationen, die vor uns gelebt haben.

Auswanderer sind Menschen, meist Familien oder ganze Volksgruppen, die ihre Heimat verlassen, um in einem anderen Land eine neue Existenz zu gründen (auch Aussiedler/Emigranten).

Der **Spreewald** ist ein Landschaftsgebiet nördlich von Cottbus, in dem sich die Spree in zahlreiche Arme (Fließe) teilt.

I Die Lausitz	Können Sie die Lausitz mit Hilfe der folgenden Angaben vorstellen?

> Landschaft im Südosten Deutschlands – zwischen Oder und Elbe – nördlich: Niederlausitz (Land Brandenburg) – Städte: Cottbus, Hoyerswerda, Senftenberg – der Spreewald – südlich: Oberlausitz (Land Sachsen) – Städte: Zittau, Görlitz, Bautzen – Lausitzer Bergland (Zittauer Gebirge)

II
Zu den Sorben

Wir haben gelesen, daß die Sorben eine Volksgruppe sind, die im Gebiet der Lausitz wohnen. Können Sie berichten,

1. seit wann die Sorben in der Lausitz zu Hause sind?
2. wieviel Angehörige dieser Volksgruppe dort leben?
3. welchem Volksstamm sie angehören?
4. was über ihre Kultur gesagt ist?

III
Zur Vogelhochzeit

L

In den folgenden Sätzen fehlen einige Informationen, die Sie sicher ergänzen können.

1. Die Sorben feiern am ___ das Fest der Vogelhochzeit.
2. Das ist vor allem ein Fest für die ___.
3. Sie stellen am Vorabend einen Teller aufs ___.
4. Am nächsten Morgen finden Sie darauf ___ und ___.
5. Diese Gaben haben ihnen die ___ als Dank für das Futter im Winter geschenkt.
6. Am Feiertag findet ein ___ statt.
7. Die Kinder verkleiden sich als ___ und ___, oder sie tragen auch ein ___.
8. Abends feiern die ___ das Fest mit Musik, Tanz und lustigen Spielen.

34. Zwei geheimnisvolle Bauwerke

Moscheen in Dresden und Potsdam

Kirchen mit ihren meist hohen Türmen gehören zum Bild einer Stadt. Viele, z. B. der Kölner Dom, die Hamburger Michaeliskirche oder das Ulmer Münster, sind zu Wahrzeichen ihrer Städte geworden. In Dresden und Potsdam staunen die Besucher über eine Moschee.

Aber noch kein Moslem hat je diese Moscheen zum Gebet betreten, denn sie dienen ganz anderen Zwecken. Die Dresdner Moschee wurde 1909 als Zigarettenfabrik gebaut. Die Bauherren wollten es so, denn zum orientalischen Tabak, der dort zu Zigaretten verarbeitet wurde, paßte ihrer Meinung nach eben auch ein orientalisches Gebäude. Die Dresdener nennen sie „Tabakmoschee".

In der Potsdamer Moschee dagegen steht eine Dampfmaschine. Sie pumpte einst das Wasser aus der Havel zum Schloßgarten Sanssouci, um dort einen schönen Springbrunnen zu betreiben. Damit aber die Maschine den Blick des Königs nicht störte, wurde sie nach damaligem Geschmack „orientalisch verkleidet".

Die Moschee gehört heute zum Stadtbild von Potsdam, und die Dampfmaschine im Inneren wird als technisches Denkmal gepflegt. Das Wasser für den Schloßgarten pumpt jetzt ein Elektromotor nach Sanssouci.

Kunstwerke sind die beiden Moscheen mit Sicherheit nicht, höchstens eine Besonderheit. Für die Besucher der Städte Dresden und Potsdam sind sie jedoch immer ein Foto wert.

Die **Moschee** ist das Gebetshaus der Mohammedaner. Vom Minarett, dem Turm der Moschee, aus ruft der Muezzin zum Gebet.
Mohammedaner, auch **Moslems** genannt, sind Anhänger des Islam.

I
Die eine und die
andere

Von zwei Moscheen wird berichtet, von der einen in Potsdam und von der anderen in Dresden. Setzen Sie die fehlenden Städtenamen ein.
Die eine in ___ steht außerhalb der Stadt, die andere in ___ findet man im Stadtzentrum. Während die eine in ___ als Verkleidung für eine Dampfmaschine dienen sollte, wurde die andere in ___ als Zigarettenfabrik errichtet. In ___ wird die Moschee als technisches Denkmal erhalten, während die andere als Bürogebäude genutzt wird. Ein wirkliches Kunstwerk ist aber weder die Moschee in ___ noch die in ___.

II
Ähnlich, aber
nicht gleich

L

Sie erkennen in den folgenden Sätzen bestimmt, welches der beiden Wörter, die in Klammern stehen, für den Satzinhalt treffender ist.
1. Kirchen sind oft (Kennzeichen/Wahrzeichen) ihrer Städte.
2. Die Touristen (wundern sich über/bewundern) die Moscheen in Dresden und Potsdam.
3. Die Dresdener Moschee wurde als Zigarettenfabrik (gebaut/aufgerichtet).
4. Die Dampfmaschine, die das Wasser nach Sancoussi pumpen sollte, hätte den Blick des Königs (gestört/zerstört).
5. Sie wird heute als technisches Denkmal (erhalten/unterhalten), die andere als Bürohaus (angewendet/verwendet).

III
Zwei Moscheen

Nun können Sie sicher den Touristen in Dresden und Potsdam das Geheimnis der beiden Moscheen erklären.

> Dresden: 1909 – Zigarettenfabrik – orientalischer Stil – Orienttabak verarbeitet – „Tabakmoschee" – heute ein Bürogebäude der Zigarettenindustrie
>
> Potsdam: Dampfmaschine – Wasser für den Schloßgarten Sanssouci – König unzufrieden – Maschinenhalle als Moschee verkleidet – Moschee bis heute erhalten – technisches Denkmal

35. Rohstoffe für die Blauen Schwerter

Kaolinbergwerk bei Meißen

Meißner Porzellan ist weltweit bekannt und beliebt. Sein Markenzeichen sind die Blauen Schwerter. Worin liegt eigentlich das Geheimnis seiner guten Qualität? Wesentlichen Anteil hat das Kaolin, das im kleinsten Bergwerk Europas in Seilitz bei Meißen abgebaut wird.

Nur vier Bergleute arbeiten dort. Der Stollen, in dem der Rohstoff gewonnen wird, liegt etwa dreieinhalb Meter tief. Er kann durch ein Mundloch, eine halbrunde Öffnung an der Erdoberfläche, oder an anderer Stelle über eine Leiter erreicht werden. Aus Sicherheitsgründen dürfen immer nur zwei Bergleute unter Tage sein.

Das Kaolin wird aus der Erde gebrochen, verlesen und ausgefahren. Über Tage kommt es auf einem zwölf Kilometer langen Weg direkt in die Manufaktur nach Meißen. Dort wird das Kaolin mit Feldspat und Quarz vermischt und zu einer formbaren Masse verarbeitet.

Nun beginnt die Arbeit der Porzellangestalter, die mit viel Erfahrung und Geschick nicht nur Geschirr, sondern auch kunstvolle Gefäße und Figuren herstellen. Auch die Porzellanmaler haben ihren Anteil an den Erzeugnissen mit den Blauen Schwertern.

Das Kaolin-Bergwerk in Seilitz ist fast so alt wie die Meißner Porzellanmanufaktur. Nachdem J. F. Böttger das erste weiße Porzellan in Europa hergestellt hatte, entstand 1710 das Seilitzer Bergwerk. In China war das „weiße Gold" schon seit dem siebten Jahrhundert bekannt.

Kaolin ist ein lockeres weißes Gestein, auch *Porzellanerde* genannt. Von seiner Beschaffenheit und Güte ist die Qualität des Porzellans abhängig.
Damit die Qualität gleichbleibend gut ist, wird der Rohstoff **verlesen**, d. h., die weniger guten Stücke werden aussortiert.
Feldspat und **Quarz** sind Mineralien, die in sehr verschiedenen Formen vorkommen. Sie werden für die Glas- und Porzellanherstellung genutzt.

Johann Friedrich Böttger (1682-1719) war Alchimist. Ihm gelang 1707 in Dresden die Herstellung des weißen Porzellans. Er leitete bis zu seinem Tod die neugegründete Porzellanmanufaktur Meißen.

Mineralien können **über Tage** (im Tagebau) oder **unter Tage** (im Bergwerk) abgebaut werden.

I

Resümee

Nun sind Sie an der Reihe, den Text nachzuerzählen. Mit Hilfe der Notizen gelingt Ihnen das bestimmt:

> Meißner Porzellan – weltweit bekannt – Blaue Schwerter – in Seilitz bei Meißen Kaolin-Bergwerk – Stollen nur dreieinhalb Meter tief – vier Bergleute – Rohstoff abbauen, verlesen und ausfahren – in Meißen mit Feldspat und Quarz vermischt – Porzellanmasse – Manufaktur Meißen – Porzellangestalter und -maler – wertvolle und gefragte Erzeugnisse – Böttger, 1707 Porzellan erfunden – seit 1710 Porzellanmanufaktur

II

Auch Fragen will gelernt sein

L

Auf welche Fragen erhalten Sie die folgenden Antworten?
1. In einem kleinen Bergwerk bei Seilitz.
2. In der Nähe von Meißen an der Elbe.
3. Etwa dreieinhalb Meter tief.
4. Durch ein Mundloch oder über eine Leiter.
5. Mit Feldspat und Quarz.
6. Geschirr, Gefäße und Figuren.
7. Blaue Schwerter.

III

Und was geschieht dann?

L

Ergänzen Sie die angefangenen Sätze.
1. Wenn die Bergleute zur Schicht einfahren, ...
2. Wenn sie im Stollen sind, ...
3. Wenn das Kaolin aus der Erde gebrochen ist, ...
4. Wenn der Rohstoff in Meißen ankommt, ...
5. Wenn die Porzellanmasse fertig ist, ...
6. Wenn die Porzellangestalter ihre Arbeit getan haben, ...

IV

Sprichwörtliches

Im Deutschen gibt es einige Redewendungen zum Porzellan:
Vorsicht ist die Mutter der Porzellankiste.
Und: *Er benimmt sich wie ein Elefant im Porzellanladen.*

Können Sie erklären, was damit gemeint ist? Gibt es in Ihrer Muttersprache Ähnliches?

36. Nach Amerika 1 Kilometer

Kuriose Ortsnamen in Deutschland

Und tatsächlich, in einem Ort mit diesem Namen wohnen 125 Menschen.
Fährt man von Amerika circa hundertfünfzig Kilometer in südöstliche Richtung,
kommt man nach Philadelphia, wo circa dreihundert Menschen zu Hause sind.
Und wer bei dieser Gelegenheit gleich noch Rom einen Besuch abstatten möchte,
muß von Philadelphia aus etwa zweihundert Kilometer nach Norden fahren, um
die etwa dreihundert Römer zu besuchen.*
In der Chronik dieses Ortes gibt es eine hübsche Geschichte: Vor Jahren schickte
ein Schuster aus der nahegelegenen Kreisstadt Parchim eine Rechnung für ein Paar
Schuhe an den Herrn König in Rom. Nach einiger Zeit soll vom Sekretär des Königs in Italien ein Brief in Parchim angekommen sein: „Seine Majestät der König
hat sich in Parchim keine Schuhe anfertigen lassen."
Zum Glück kann das heute nicht mehr passieren, denn es gibt ja Postleitzahlen.
Die Römer führen die 19372, Philadelphia die 15859 und Amerika die 09322 in
ihrer Adresse. Kuriose Ortsnamen findet man in Deutschland noch viele, z. B.
Himmelreich, Teufelsgraben, Katzenloch, Mausheim, Vogelsang oder Schlangen-
bad. Den Ort Holzhausen gibt es laut Ortsverzeichnis in Deutschland 44mal.

Die Namenkunde (Onomastik/Onomatologie) ist ein Wissenschaftszweig. Sie beschäftigt sich mit der Herkunft und Bedeutung vor allem der Personen- und Ortsnamen. Was ist hier gemeint? Erklären Sie die folgenden Begriffe mit Ihren Worten.

I
Namen
🄻

- ein Namensvetter
- ein Künstlername
- der Namenstag

- das Namensschild
- ein gutes Namengedächtnis
- der Namenszug

* Ein weiterer Ort mit demselben Namen liegt in der Eifel.

II
Redewendungen

L

Welche Erklärung stimmt für die folgenden Redewendungen?

1. das Kind muß einen Namen haben   a) Das Kind muß getauft werden.
                                         b) Es muß eine Bezeichnung für eine Sache gefunden werden.

2. das Kind beim Namen nennen   a) etwas offen aussprechen
                                         b) ein Kind mit dem Vornamen ansprechen

3. sich einen Namen machen   a) einen neuen Namen wählen
                                         b) berühmt werden

III
Erklärungen

Lassen Sie Ihrer Phantasie freien Lauf, und erzählen Sie, wie die kleinen Orte Amerika und Rom wohl zu ihrem Namen gekommen sind.

> vor langer Zeit – eine Gruppe von Auswanderern mit dem Ziel Amerika – mußten an diesem Ort längere Zeit verweilen – schöne Gegend am Fluß – Hütten gebaut – später Dorf gegründet – Ziel Amerika nie erreicht – zur Erinnerung an mißlungene Ausreise: Amerika

Bei der Gründung von „Rom" soll es sich um Menschen gehandelt haben, die sich nach der Rückkehr von einer Pilgerfahrt nach Rom hier neu angesiedelt und ihrem Ort als Erinnerung den Namen Rom gegeben haben.

Das Philadelphia in Nordamerika sollten wir mit Hilfe des Lexikons wenigstens kurz vorstellen:

> Stadt im USA-Bundesstaat Pennsylvania – Hafen am Delaware-Fluß – 1,65 Mill. Einwohner – 2 Universitäten – Industrie, Schiffbau – 1790 bis 1800 Hauptstadt der USA

IV
Ortsnamen

Berichten Sie:
1. Welche außergewöhnlichen Orts- und Familiennamen kennen Sie in Ihrer Heimat?
2. Gibt es auch solche, die wie Rom, Philadelphia und Amerika gar nicht ins Land passen?
3. Können Sie etwas über die Entstehung und Bedeutung von Ortsnamen in Ihrer Heimat erzählen?

Zunftzeichen der Buchdrucker

37. Ein alter Handwerker-Brauch

Das Gautschfest der Drucker und Schriftsetzer

Es soll hier von einem Brauch der Drucker und Schriftsetzer berichtet werden, der bis in die Zeit der Erfindung des Buchdrucks zurückgeht.

Ehe ein Drucker- und Schriftsetzerlehrling nach bestandener Gesellenprüfung in die Schwarze Zunft aufgenommen wurde, mußte er „getauft" werden. Dazu wird eine mit Wasser gefüllte Bütte aufgestellt. Die Gesellen versammeln sich zum Gautschfest, wie die Taufe und Aufnahme der neuen Mitglieder der Gilde genannt wird. Zuerst hält der Gautschmeister eine Rede. Dann gibt er seinen Helfern das Zeichen für die Taufe. Der Täufling muß ein Glas stark gewürztes Bier austrinken. Anschließend packen ihn die Helfer und werfen ihn mit seiner gesamten Kleidung und in hohem Bogen in die Bütte. Damit ist der junge Facharbeiter getauft. Er erhält seinen Gautschbrief und ist aufgenommen in die Schwarze Zunft.

Natürlich hat sich die Arbeit der Drucker und Schriftsetzer in den vergangenen Jahrhunderten verändert. Die Druckkunst des Johannes Gutenberg ist längst von Elektronik und Computern abgelöst. Und das Papier wird auch schon lange nicht mehr in der Bütte bearbeitet. Das Gautschfest aber ist immer noch ein alljährlicher Höhepunkt, bei dem anschließend oft noch kräftig gefeiert wird und der „Neue" seinen Einstand gibt.

Erfinder des **Buchdrucks** war Johannes Gutenberg. Er lebte von 1400 bis 1468 und druckte 1455 in seiner Werkstatt in Mainz die erste Bibel, die sogenannte „Gutenberg-Bibel".

Die **Schriftsetzer** bereiteten mit dem Setzen der Buchstaben die Arbeit für die **Drucker** vor.

Der Name **Schwarze Zunft** ist von der schwarzen Druckerfarbe abgeleitet. Eine Handwerker-Vereinigung nannte man früher Zunft.

Die **Taufe** ist eigentlich eine christlich-religiöse Feier, bei der ein Kind (der **Täufling**) vom Pfarrer mit ein paar Tropfen Wasser **getauft** wird und damit in die kirchliche Gemeinschaft aufgenommen ist.

In der **Bütte**, einem Holzfaß, wurde früher das Papier zur weiteren Verarbeitung für den Druck vorbereitet.

Wer eine neue Stelle antritt, eine Arbeit aufnimmt, **gibt seinen Einstand**, indem er für seine Arbeitskollegen etwas spendiert (Essen und Trinken bezahlt).

I
Zur Klärung

L

Damit kein Mißverständnis entsteht, sollten Sie die folgenden falschen Aussagen klarstellen:

1. Das Gautschfest wird zur Erinnerung an die Erfindung des Buchdrucks gefeiert.
2. Der junge Lehrling wird mit der Taufe zur Gesellenprüfung zugelassen.
3. Der Gautschmeister tauft den jungen Facharbeiter persönlich.
4. Nach der Taufe muß er einen kräftigen Schluck Bier trinken.
5. Auf das Zeichen des Gautschmeisters springt der Täufling in die Bütte.
6. Nachdem er sich wieder angezogen hat, erhält er seinen Gautschbrief.

II
Attribute

Die folgenden Wortgruppen helfen Ihnen sicher, ein paar Gedanken zum Gautschfest wiederzugeben.

1. die bestandene Prüfung
2. eine mit Wasser gefüllte Bütte
3. ein Schluck stark gewürztes Bier
4. mit der gesamten Kleidung, in hohem Bogen
5. der junge Facharbeiter getauft
6. in die Schwarze Zunft aufgenommen
7. Veränderungen im Buchdruck in den vergangenen Jahrhunderten

III
Passivität –
Aktivität

Wer sind die Handelnden in den folgenden Sätzen, der *Lehrling*, der *Gautschmeister* oder die *Gesellen*? Setzen Sie die Sätze ins Aktiv.

1. Ein neues Mitglied wird in die Zunft aufgenommen.
2. Dazu wird eine Bütte mit Wasser gefüllt.
3. Eine Rede wird gehalten.
4. Dann wird ein Zeichen gegeben.
5. Zuerst muß ein Glas kräftiges Bier getrunken werden.
6. Dann wird der Täufling ins Wasser geworfen.
7. Nun wird ihm der Gautschbrief überreicht.
8. Er ist damit in die Schwarze Zunft aufgenommen.
9. Anschließend wird die Taufe gefeiert.

38. Nicht Bach, Meer sollte er heißen

Johann Sebastian Bach

Mit diesem Wortspiel charakterisierte Ludwig van Beethoven Johann Sebastian Bach. Hundert Jahre später sagte der russische Komponist Schostakowitsch: „Bachs Musik ist der Gipfel der Musikkunst der Welt."
Das ist das Urteil zweier Männer, die selbst zu den ganz Großen der Musikwelt gehören.
Johann Sebastian Bach war von 1723 bis zu seinem Tod 1750 Thomaskantor in Leipzig. Zu seinen Aufgaben im Dienst der Stadt und der Kirche gehörten auch der Unterricht und die Ausbildung der vierundfünfzig Jungen des Thomanerchores. Das belastete Bach stark, denn die Bedingungen an der Thomasschule waren sehr schlecht. Auch mit den Fähigkeiten seiner Schüler war er nicht zufrieden. Nur siebzehn von ihnen bezeichnete er als „brauchbar", zwanzig als „noch brauchbar" und siebzehn als „untüchtig".
Bach war mit seiner Familie nicht auf Rosen gebettet. Manches Lied und Menuett entstand nur, um sein Einkommen ein wenig aufzubessern und seine große Familie vernünftig ernähren zu können.
Bach schuf ein umfangreiches Werk, zu dem die *Brandenburgischen Konzerte*, die *Matthäus-Passion* und 300 Kantaten gehören. Musiker und Orchester aus aller Welt pflegen seine Musik. In der Thomaskirche Leipzig wurde Johann Sebastian Bach zur letzten Ruhe gebettet.

Mit **Gipfel** ist hier der Höhepunkt der Musikkunst gemeint.
Der **Thomanerchor** ist ein Knabenchor der Leipziger Thomasschule. Er wurde 1212 gegründet und hat Weltruf erlangt.
Wer **nicht auf Rosen gebettet** (Redewendung) ist, dem geht es wirtschaftlich nicht gut, der hat kein leichtes Leben.
Zur letzten Ruhe gebettet werden ist sehr gehobener Stil für „beerdigt werden".

I
Zur Wiederholung

Geben Sie kurz wieder, was Sie im Text erfahren haben:
1. über Bachs Tätigkeit in Leipzig,
2. über seine wirtschaftliche Lage,
3. über sein musikalisches Werk.

II
Mehr über Bach

Erweitern Sie mit Hilfe der nachstehenden Notizen den Text.

> Sohn eines Stadtmusikanten – erster Unterricht beim Vater – Besuch des Lyzeums in Ohrdruf – mit neun Jahren Eltern verloren – Organist in Arnstadt, Mühlhausen und Weimar – Hofkapellmeister in Köthen – nach Tod der ersten Frau (sieben Kinder) die Sängerin Anna Magdalena Wilcke geheiratet – dreizehn Kinder in Leipzig geboren – seine Söhne Carl Philipp Emanuel, Johann Christian und Wilhelm Friedemann berühmte Musiker und Komponisten – vor Thomaskirche Leipzig bekanntes Denkmal Johann Sebastian Bachs

III
Vielseitigkeit

L

Mit *nicht nur – sondern auch* kann man seine Aussage erweitern. Versuchen Sie das in einigen Beispielsätzen.
1. kirchliche Musik und weltliche Werke
2. Unterricht vom Vater und Besuch des Lyzeums in Ohrdruf
3. Organist in Arnstadt und angestellt in Mühlhausen und Weimar
4. in Leipzig: Thomaskantor und städtischer Musikdirektor
5. den Thomanerchor geleitet und in Leipziger Kaffeehäusern gespielt

39. Vom Tod eines Kammerdieners

Der Rabe im Merseburger Stadtwappen

Merseburg ist eine Kreisstadt in Sachsen-Anhalt und führt einen Raben im Stadtwappen. Wie dieser Vogel zum Symbol der Stadt wurde, erfahren wir in einer Sage:

Es soll im 15. Jahrhundert gewesen sein, als der Bischof von Merseburg einen wertvollen Ring vermißte. Er hatte den Ring ans Fenster gelegt, während er sich die Hände wusch. Als er das kostbare Stück nicht mehr fand, verdächtigte er seinen Kammerdiener, denn nur der hatte das Zimmer betreten.

So wurde der Mann des Diebstahls angeklagt und zum Tode verurteilt. Es half ihm nichts, daß er seine Unschuld immer wieder beteuerte. Nach Meinung der Richter konnte nur er den Ring gestohlen haben.

Als das Urteil vollstreckt war, kam ein Dachdecker zum Bischof und brachte ihm den Ring. Er hatte ihn bei der Arbeit am Turm des Schlosses in einem Rabennest gefunden. Nun wußte man, daß nicht der Kammerdiener, sondern ein Rabe den Ring gestohlen hatte. Der arme Kammerdiener war unschuldig verurteilt worden. Der Landesherr ließ daraufhin einen Raben in einen Käfig sperren und zur Warnung an die Schloßtür hängen.

Der Rabe im Stadtwappen erinnert und mahnt seitdem alle, immer Gerechtigkeit zu üben und nicht vorschnell zu urteilen.

Kammerdiener leisteten Fürsten und anderen hohen Würdenträgern persönliche Dienste.

Der **Rabe** ist ein mittelgroßer schwarzer Vogel, dem man nachsagt, daß er gern glänzende Gegenstände in sein Nest holt. Im Deutschen sagt man daher: der stiehlt wie ein Rabe (Redewendung).

Wappen dienten im Mittelalter den Rittern als Kennzeichen, wenn sie in ihrer Rüstung auftraten. Seit dem 13. Jh. gibt es Familien- und Stadtwappen. (Heraldik = Wappenkunde)

Bischöfe sind die höchsten religiösen Leiter eines bestimmten Kirchengebietes. Höchster Bischof der katholischen Kirche ist der Papst in Rom.

I
Schwierige Wörter

L

Versuchen Sie, diese Wörter in die folgenden Sätze richtig einzusetzen. Achten Sie auf die korrekte Form!

> jemanden verurteilen – etwas vermissen – jemanden verdächtigen – jemanden anklagen – etwas vollstrecken – seine Unschuld beteuern – etwas stehlen – an etwas erinnern

1. Als der Bischof seinen Ring ___, ___ er seinen Kammerdiener.
2. Nur der konnte seiner Meinung nach den Ring ___ haben.
3. Der Kammerdiener ___ ___ ___.
4. Aber er wurde ___ und ___ .
5. Das Urteil wurde sofort ___ .
6. Noch heute ___ ein Rabe im Stadtwappen daran, daß ein Vogel und nicht der Kammerdiener der Dieb war.

II
Zur Wiederholung

Antworten Sie kurz auf die folgenden Fragen.
1. Wer hatte einen Ring vermißt?
2. Warum verdächtigte der Bischof seinen Kammerdiener?
3. Wer wurde angeklagt und verurteilt?
4. Wer brachte den Ring zurück?
5. Wo hatte er ihn gefunden?
6. Was machte daraufhin der Landesherr?
7. Woran soll der Rabe im Stadtwappen erinnern?

III
Nacherzählung

Berichten Sie, wie der Rabe ins Merseburger Stadtwappen kam. Erzählen Sie
1. vom verschwundenen Ring.
2. vom Verdacht.
3. vom Urteil.
4. vom Dachdecker.
5. vom Raben.

40. Man muß sich nur zu helfen wissen

Die Schildbürger und ihr Rathaus

Als in Schilda ein neues Rathaus gebaut wurde, halfen die Bürger fleißig mit. Bald war das Haus fertig und sollte eingeweiht werden. Aber ach, im Rathaus war es ja stockdunkel!

„Was können wir tun?" fragten die Schildaer Bürger. Da hatte einer eine Idee. „Wir fangen den Sonnenschein und tragen ihn ins Haus."

Alle Schildbürger kamen mit Taschen, Säcken, Eimern und Körben und schleppten den ganzen Tag Sonnenlicht ins Rathaus. Aber so fleißig sie auch waren, es blieb dunkel. Nun waren sie ratlos und ganz traurig.

Da entdeckte der Bürgermeister, daß durch einen winzigen Spalt ein Sonnenstrahl fiel. Er rief: „Jetzt weiß ich es, wir haben die Fenster vergessen." Die Schildaer bauten Fenster in ihr neues Rathaus und konnten es nun endlich mit einem großen Fest einweihen.

Das ist nur einer der unzähligen Schildbürgerstreiche, die in einem alten Narrenbuch nachzulesen sind. Danach ist Schilda allerdings ein Ort der Phantasie, der nie existiert hat.

Und doch gibt es bei Torgau an der Elbe eine Stadt mit diesem Namen. Die Schildaer von heute wollen jetzt ihren bekannten Namen zu Geld machen und sogar ein Hotel „Zum Schildbürger" bauen – mit Fenstern natürlich!

Auch heute noch spricht man von einem **Schildbürgerstreich**, wenn jemand etwas Unsinniges und Nutzloses macht.

Das **Narrenbuch** ist das „Lalebuch", das schon 1597 in Straßburg herausgegeben wurde und in die deutsche Literaturgeschichte eingegangen ist.

Die Schildaer wollen ihre Stadt zu einer Touristen-Attraktion machen, den bekannten Namen **zu Geld machen** oder „vermarkten", wie man heute sagt.

I
Die Schildbürger
und ihr neues Rat-
haus

Erzählen Sie diesen Schildbürgerstreich mit Ihren Worten. Berichten Sie
1. vom Fleiß der Bürger.
2. von der großen Enttäuschung.
3. von einer „guten" Idee.
4. von der Mithilfe aller.
5. von ihrer erneuten Ratlosigkeit und Traurigkeit.
6. von der Lösung.

II
Allerlei
Unsinniges

Die Schildbürger wollten das Sonnenlicht einfangen und in Taschen, Säcken, Eimern und Körben ins Rathaus tragen.
Können Sie einen anderen Schildbürgerstreich erzählen, den Sie gesehen, erlebt,
von dem Sie gehört haben?

III
Gute Ratschläge

Wir haben erfahren, daß die Schildaer von heute ihren Ortsnamen „zu Geld machen" wollen.
1. Welche Vorschläge können Sie ihnen machen?
2. Was sollten die Schildaer tun, um Touristen in die Stadt zu bekommen?
3. Wie würden Sie den Namen vermarkten?

41. Zwischen Ostern und Pfingsten

Himmelfahrt / Vatertag

Vierzig Tage nach Ostern, immer an einem Donnerstag, ist Himmelfahrt. In den dreißiger Jahren haben die Männer diesen kirchlichen Feiertag zu ihrem Tag gemacht. Der Volksmund nennt ihn seitdem „Vatertag", sicher als Gegenstück zum Muttertag, der seit über 75 Jahren in Deutschland am zweiten Maisonntag gefeiert wird.

Am Vatertag unternehmen viele Männer sogenannte „Herrenpartien", Ausflüge mit einem Pferdewagen, einem Ruderboot oder einem geschmückten offenen Auto. Ein Faß Bier kommt in die Mitte, und mit Gesang und Hallo fahren sie übers Land oder flußabwärts. Ab und zu wird ein kräftiger Schluck genommen. Mit lustigen Hüten und bunter Kleidung machen die Herren der Schöpfung auf sich aufmerksam.

In manchen Landesteilen hatten früher auch die jungen Mädchen zu Himmelfahrt ihren Spaß. Sie gingen früh hinaus und tanzten barfuß auf den noch feuchten Wiesen. Das sollte ihnen Schönheit und Gesundheit bringen. Anschließend pflückten sie Kräuter, flochten sie zu Kränzen und hingen sie ins Haus, um vor Krankheit und Schaden geschützt zu sein.

Da der Himmelfahrtstag auf einen Donnerstag fiel, glaubten die Bauern mancherorts, daß man an diesem Tag besonders auf das Wetter, auf „Donner", Regen und Sonne achten müsse. Sie hofften auf günstige Zeichen für ihre Früchte auf den Feldern.

Eine alte Bauernregel erinnert daran: Wie das Wetter am Himmelfahrtstag, so auch der Herbst sein mag.

Himmelfahrt ist ein kirchliches Fest, das die Osterzeit beendet. Nach der christlichen Lehre ist an diesem Tag Christus an die Seite Gottes getreten.

Mit einem **kräftigen Schluck** ist umgangssprachlich meist das Trinken von Alkohol gemeint.

Mit der Redewendung **Herren der Schöpfung** sind etwas ironisch die Männer im allgemeinen gemeint.

Der Donnerstag ist nach **Donar** benannt (engl. thursday). Donar war der Gott des Donners und des Ackerbaus.

Bauernregeln sind alte Sprüche über das Wetter und seine Wirkung auf die Landwirtschaft.

I
Nachgefragt

L

Die fehlenden Wörter können Sie bestimmt einsetzen, ohne noch einmal im Text nachzusehen.

1. Das Himmelfahrtsfest findet immer an einem ___ statt.
2. Der Volksmund nennt Himmelfahrt auch ___.
3. An diesem Tag unternehmen die Männer gern ___.
4. Beliebt sind Fahrten mit einem ___, einem ___ oder einem ___.
5. Man singt und nimmt ab und zu einen ___ ___.
6. Auch die jungen Mädchen hatten früher zu Himmelfahrt ihren ___.
7. Sie tanzten barfuß auf den noch feuchten ___, um ___ und ___ zu bleiben.
8. Anschließend flochten sie ___ aus Kräutern, die sie im Haus aufhängten.
9. Diese Kränze schützten sie vor ___ und ___.

II
Entweder – oder

Können Sie etwas ausführlicher Auskunft geben?

1. Liegt Himmelfahrt vor oder nach Pfingsten?
2. Wurde zuerst der Muttertag eingeführt oder der Vatertag?
3. Fällt der Himmelfahrtstag auf einen Sonntag oder auf einen Wochentag?
4. Nehmen die Männer zu ihren Ausflügen die Frauen mit, oder fahren sie in der Regel allein?
5. Kleiden sich die Männer an diesem Tag vornehm und elegant, oder fahren sie eher bunt und salopp auf ihren Wagen?
6. Stammen Bauernregeln von den Bauern selbst, oder sind sie für die Bauern gemacht?

III
Bauernregeln

Hier finden Sie einige alte Bauernregeln. Können Sie erklären, was jeweils gemeint ist?

1. Grüne Weihnacht – weiße Ostern.
2. Wie der Sommer sich neigt, so der Winter sich zeigt.
3. Mai kühl und naß, füllt dem Bauern Scheune und Faß.
4. Im Januar viel Regen, wenig Schnee
   tut Bergen, Tälern und Bäumen weh.
5. Wenn kalt und naß der Juni war,
   verdirbt er meist das ganze Jahr.
6. Oktoberhimmel voll Sterne hat warme Öfen gerne.
7. Dezember kalt mit Schnee,
   gibt Korn auf jeder Höh'.

42. Mit dem Kahn zur Hochzeit

Der Spreewald

Zwischen Berlin und Cottbus liegt eine Landschaft, die in ihrer Art in Europa einmalig ist: der Spreewald.

Die Spree teilt sich in dieser Niederung in viele kleine Wasserarme, Fließe genannt. Sie haben eine Gesamtlänge von 500 Kilometern. Für manche Spreewalddörfer sind diese Fließe Lebensadern. Die Kinder fahren mit dem Kahn zur Schule, die Bauern mit ihren Kühen auf die Wiese oder die Brautpaare zur Hochzeit.

Für die fast eine Million Touristen pro Jahr gehört eine Kahnfahrt unbedingt zu einem Spreewaldbesuch. An manchen Tagen sind von Lübbenau aus mehr als hundert Kähne unterwegs in die idyllischen Spreewalddörfer Lehde und Leipe oder zur großen Tour durch den Hochwald.

Fast lautlos staken die Fährleute, so nennt man die Kahnführer, die Boote durchs Wasser. Es gehört Kraft und Geschick dazu, die voll besetzten Kähne vorwärtszubewegen. Ein Teil der Kahnführer ist im Hauptberuf Bauer, Kraftwerker oder Bergmann.

Auch Wanderungen zu Fuß oder mit dem Rad sind im Spreewald beliebt. Die Wege führen immer wieder über Brücken; auf der Wanderung von Lübbenau nach Lehde sogar fünfzehnmal.

Der Spreewald ist die Heimat der Niederlausitzer Sorben und weithin bekannt durch die Spreewälder Gurken und Zwiebeln.

Die **Spree** entspringt im Lausitzer Bergland und mündet nach 382 km in Berlin in die Havel. 147 km des Flußlaufes sind schiffbar.

Niederungen sind tiefliegendes Land, meist an Küsten oder an Flüssen. Das Wasser kann leicht das Land überfluten. Im Spreewald sind auf diese Weise die Fließe entstanden.

Die Spreewaldstadt **Lübbenau**, eine Kreisstadt im Land Brandenburg, hat ca. 20 000 Einwohner, die vor allem vom Fremdenverkehr leben.

Die Spreewaldkähne werden mit einer langen Stange, einem **Staken**, vorwärtsbewegt. Die Fährleute **staken** die Boote durchs Wasser.

In einem Teil des Spreewaldes wird Braunkohle abgebaut, und es gibt Kraftwerke. Die Niederlausitzer **Sorben** können Sie im Text Nr. 33 kennenlernen.

I Zusammenset- zungen L	Finden Sie die fehlenden Zusammensetzungen heraus? 1. Wer mit dem *Kahn* statt mit dem Bus zur Schule *fährt*, macht täglich eine ___. 2. Die Fließe, auf denen sich ein Teil des *Lebens* abspielt, werden im Text *Adern* genannt; es sind wichtige ___. 3. Man kann auch als Tourist durch den *Spreewald fahren*, also eine ____ machen. 4. Lehde und Leipe sind *Dörfer*, die mitten im *Spreewald* liegen; es sind typische ____. 5. Man kann durch den Spreewald *wandern* oder mit dem *Rad* eine ___ machen. 6. Also, *besuchen* Sie einmal den *Spreewald!* Ein _____ ist ein unvergeßliches Erlebnis.
II Keine Frage ohne Antwort	Auch das Fragen will gelernt sein. Diese Übung eignet sich zum Gespräch in der Gruppe. Wer eine Frage korrekt beantwortet hat, darf die nächste stellen. Beginnen Sie Ihre Frage mit *Wo, Warum, Was* usw., oder fragen Sie: *Wer kann mir sagen, ...? Weiß jemand, ...?* Hier sind noch einige weitere Fakten über den Spreewald, nach denen Sie fragen können: ca. 20 km nördlich von Cottbus, ca. 100 km südlich von Berlin – Ausdehnung etwa 75 x 15 km – eine Niederung – etwa 270 Spreewaldkähne – Staken ca. 4 m lang – ein Touristenkahn etwa 30 bis 40 Fahrgäste – Saison meist von Ostern bis Mitte Oktober – 10 % der Fährleute Frauen – Sorben, nationale Minderheit, etwa 50 000
III Wiedergabe	Mit Hilfe der folgenden Gliederung können Sie sicher den Spreewald vorstellen. Lage – Beschaffenheit – Tourismus und Erholungsgebiet – Wirtschaft – Sorben

43. Die Wege der Quadriga

Das Brandenburger Tor

Das Brandenburger Tor ist als Wahrzeichen der deutschen Hauptstadt weltweit bekannt. Es wurde als Berliner Stadttor 1788/91 gebaut. Drei Jahre später erhielt es die Quadriga, eine Plastik aus Metall, die nach den Plänen des Architekten und Baumeisters Schadow in Potsdam gegossen und per Schiff nach Berlin transportiert worden war.

Ihre zweite Fahrt machte die Quadriga 1806 unfreiwillig, als sie Napoleon als Kriegsbeute nach Paris bringen ließ. Nach Napoleons Niederlage kehrte Viktoria mit ihrem Siegeswagen nach Berlin zurück und nahm ihren angestammten Platz wieder ein.

Im Zweiten Weltkrieg wurde von der Quadriga in den Trümmern Berlins nur noch der Kopf eines ihrer Pferde gefunden, das Brandenburger Tor war völlig zerstört. Erst 1958 hatte das wiederaufgebaute Berliner Wahrzeichen seine „Krone" wieder. Die Figuren wurden nach alten Plänen und Fotos neu gestaltet.

Drei Jahrzehnte später mußte die Quadriga erneut von ihrem Sockel geholt werden. Zum Jahreswechsel 1989/90, als die Deutschen ihre Wiedervereinigung feierten, war sie aus Freude und Übermut so stark beschädigt worden, daß sie völlig restauriert werden mußte.

Seit der 200-Jahrfeier des Brandenburger Tores 1991 steht Viktoria wieder auf ihrem Wagen mit den vier Pferden und wird hoffentlich ihre Fahrt noch Jahrhunderte friedlich fortsetzen können.

Die **Quadriga** war ein offener, von vier Pferden gezogener Wagen, in dem die römischen Feldherren fuhren. Er diente bei den Griechen und Römern auch als Rennwagen. Zur Berliner Quadriga gehört die römische Siegesgöttin **Viktoria**.

Das **Brandenburger Tor** ist ein 62 Meter breites und zwanzig Meter hohes Bauwerk. Es wird von der fünf Meter hohen Quadriga gekrönt. In westlicher Richtung führt es zum Reichstagsgebäude und zur Siegessäule, die östliche Richtung weist in die Straße *Unter den Linden*.

Der französische Kaiser **Napoleon I.** hatte auf seinem Feldzug nach Osten auch
Berlin besetzt, das er nach seiner Niederlage (Völkerschlacht bei Leipzig, 1813)
wieder räumen mußte.

Das in einem Krieg unrechtmäßig geraubte Gut – meist Kunstwerke und andere
Kulturgüter – bezeichnet man als **Kriegsbeute.**

Nach dem 2. Weltkrieg wurde Deutschland in die BRD und die DDR geteilt und
erst am 3.10.1990 **wiedervereinigt** (die **Wiedervereinigung**).

Von **Übermut** spricht man bei zu großer Fröhlichkeit und Ausgelassenheit, die
nicht ohne Schaden ausgeht. Deswegen heißt es im Volksmund: Übermut tut selten gut.

I

200 Jahre

Geben Sie mit Hilfe der folgenden Notizen einige Ereignisse aus der Geschichte
des Brandenburger Tores wieder.

> 1788/91: Bau als Berliner Stadttor – 1794: Ergänzung des Tores durch die Qua-
> driga – 1806: als Kriegsbeute Napoleons nach Paris – 1815: Rückkehr nach Ber-
> lin – 2. Weltkrieg: Zerstörung des Brandenburger Tores – 1958: Wiederaufbau
> mit neuer Quadriga – 1889/90: Beschädigung der Quadriga bei Feier zur deut-
> schen Einheit – 1991: restaurierte Quadriga zur 200-Jahrfeier des Brandenbur-
> ger Tores

II

Alles Passiv

L

Setzen Sie die folgenden Verben in der korrekten Passivform ein.

> bringen – bauen – zerstören – gestalten – transportieren – beschädigen

1. Das Brandenburger Tor ____ 1788/91 ____.
2. Die Quadriga ____ von Potsdam nach Berlin ____.
3. 1806 ____ der Siegeswagen mit der Viktoria nach Paris ____.
4. Im 2. Weltkrieg ____ das Brandenburger Tor ____.
5. Die Figuren der Quadriga ____ nach alten Plänen wieder neu ____.
6. Zum Jahreswechsel 1989/90 ____ die Quadriga stark ____.

III

Wahrzeichen

L

So wie Berlin haben auch andere Städte ihre Wahrzeichen. Zu welcher Stadt gehören
die folgenden Bauwerke und Wahrzeichen? Verwenden Sie dazu Ausdrücke wie

ist bekannt durch – steht in – gehört zu

– der Dom	London
– der Eiffelturm	Weimar
– die Tower-Bridge	Berlin
– die Freiheitsstatue	Köln
– das Brandenburger Tor	New York
– das Goethe- und Schiller-Denkmal	Paris

44. Ein Berliner Original

Der Hauptmann von Köpenick

Köpenick ist ein sehr wald- und seenreicher Berliner Stadtbezirk. Aber nicht deshalb ist Köpenick weltbekannt geworden, dafür hat ein Schuster gesorgt. Und das kam so:

Am 16. Oktober 1906 marschierte ein „Hauptmann" mit einer Gruppe Soldaten, die er auf der Straße angehalten und mitgenommen hatte, zum Köpenicker Rathaus. Dort verhaftete er den Bürgermeister, nahm die Stadtkasse und machte sich mit dem Geld davon. Niemand hatte ihn nach einem Ausweis oder einem Auftrag gefragt. Allein die Uniform und die Worte „Im Namen des Kaisers" hatten genügt. Die Polizei suchte den Hauptmann im ganzen Lande. Erst nach zehn Tagen wurde er gefunden und verhaftet.

Der „Hauptmann" war der Schuster Wilhelm Vogt, 57 Jahre alt und arbeitslos. Die Hauptmannsuniform hatte er sich bei einem Händler in Potsdam beschafft. Vogt erhielt vier Jahre Gefängnis, wurde aber wegen guter Führung nach zwei Jahren wieder entlassen.

Sein Streich war weit über die Grenzen hinaus bekannt geworden. Vogt verstand es, seine Geschichte zu Geld zu machen. So konnte er den Rest seines Lebens in einem eigenen Haus in Luxemburg verbringen, wo er 1922 starb.

Der Hauptmann von Köpenick aber hat überlebt und fehlt als Berliner Original heute bei keinem Volksfest in der Hauptstadt.

Als **Original** bezeichnet man jemanden, der durch seine besondere, meist komische Art auffällt. Berliner Originale sind auch der *Eckensteher Nante*, der *Schusterjunge*, die *Marktfrau* u. a.

Wer etwas verkauft, was er besitzt, **macht** es **zu Geld**. Beim Schuster Vogt war es sein Streich, den er der preußischen Bürokratie spielte und durch den er eine große Popularität erlangte.

I

Der Schuster
Vogt etwas näher
betrachtet

Im folgenden Text fehlen die Präpositionen *wegen* und *durch*.
wegen nennt den Grund und kann vor oder hinter dem Substantiv stehen, *durch*
nennt das Mittel oder den Handlungsträger im Passivsatz. Entscheiden Sie.

1. Köpenick ist ___ seiner schönen Umgebung allgemein beliebt.
2. Aber bekannt geworden ist es ___ den Schuster Vogt.
3. Er hatte in seinem Leben zahlreicher Delikte ___ schon 27 Jahre im Gefängnis zugebracht.
4. 1906 kam er ___ der Besetzung des Köpenicker Rathauses erneut ins Gefängnis.
5. Vogt wollte ___ diese Tat die Öffentlichkeit darauf aufmerksam machen, daß ihm Unrecht geschehen war.
6. Ihm war nämlich seiner kriminellen Vergangenheit ___ keine Aufenthaltsgenehmigung für Berlin erteilt worden.
7. Die wollte er sich ___ seinen Coup verschaffen.
8. Das ist ihm auch gelungen, allerdings bekam er ___ seiner ungesetzlichen Methode nur eine „Aufenthaltsgenehmigung" für ein Berliner Gefängnis.

II

Der Mann des
Tages

Wie wir wissen, hat der arme Schuster seine Geschichte zu Geld gemacht. Wie hat
er das eigentlich geschafft? Geschäftstüchtige Journalisten haben ihm dabei geholfen, z. B.

> Memoiren veröffentlicht – Schallplatten besprochen – in Kabaretts aufgetreten
> – überall in der Welt Autogramme verkauft – sich Veröffentlichungen und Bilder in der Presse gut bezahlen lassen

Nutzen Sie diese Notizen, um zusammenhängend über den „Mann des Tages" zu
erzählen.

Übrigens: Der Schriftsteller Carl Zuckmayr (1896–1977) schrieb das satirische Zeitstück „Der Hauptmann von Köpenick"; der Stoff ist später immer wieder verfilmt
worden.

III

Schlau wie ein
Fuchs

Der Schuster Vogt war nicht *auf den Kopf gefallen*, d. h., er war nicht dumm, sondern
er wußte sich zu helfen.

Die folgenden Sätze enthalten weitere umgangssprachliche Wendungen. Können
Sie die Wendungen erklären?

1. Der Schuster Vogt hatte mit seiner Tat die Behörden *an der Nase herumgeführt*.
2. Vor allem hatte er den preußischen Militarismus *auf die Schippe genommen*.
3. Er hat dabei allerdings auch *Kopf und Kragen riskiert*.
4. Aber es ging gut, und er *hatte die Lacher auf seiner Seite*.
5. Zuletzt hat er sich *ins Fäustchen gelacht*.
6. Für den Rest seines Lebens hatte er damit *sein Schäfchen ins Trockene gebracht*.

45. Die Säulen des Herrn Litfaß

Litfaßsäulen

Vor hundertfünfzig Jahren erschienen in Berlin runde Säulen, an denen neueste Informationen angebracht wurden, z. B. über einen Zirkus, das Kino- und Theaterprogramm, ein Gesetz oder eine neue Kaffeesorte. Die Idee dazu hatte der Buchdrucker Ernst Litfaß aus Paris mitgebracht. Bald wurden die Litfaßsäulen überall im Lande aufgestellt. Sie waren beliebt, und Herr Litfaß war ein gemachter Mann.

Inzwischen hat sich unsere Welt verändert. Es gibt sie zwar noch, die Litfaßsäulen, aber für die Unmengen Werbung und Reklame, mit denen wir heute überschüttet werden, reichen sie längst nicht mehr aus. Auf riesigen Reklametafeln und an Häuserwänden werden uns die schnellsten Autos, die besten Waschmittel, die wirksamsten Hautcremes oder die günstigsten Geldanlagen angeboten. Rundfunk und Fernsehen machen uns von früh bis spät klar, was wir essen und trinken, welche Haushaltsgeräte wir benutzen oder wohin wir in den Urlaub fahren sollen.

Längst ist die Werbung ein eigener Industriezweig geworden mit Milliardenumsätzen. Mancher Sportverein und manche Organisation, ja selbst Rundfunk und Fernsehen könnten sich ohne Werbeeinnahmen kaum noch über Wasser halten. Wenn Herr Litfaß wüßte, wie sich seine Idee der allgemeinen öffentlichen Bekanntmachung bis zum heutigen Tag entwickelt hat!

Herr Litfaß war **ein gemachter Mann**, d. h., er hat an seiner Idee gutes Geld verdient.

Wer sich kaum noch **über Wasser halten** kann, der hat große Schwierigkeiten und muß ums wirtschaftliche Überleben kämpfen.

| I | Sprechen Sie in wenigen Sätzen darüber. |
| Fakten | |

> vor hundertfünfzig Jahren etwas Neues in Berlin – die Idee des Herrn Litfaß – Reklame und Werbung heute – ein neuer Industriezweig – das große Geschäft

II
Viele Fragen

L

Sie finden hier acht Aussagen. Können Sie die passenden Fragen dazu finden?
1. Die Litfaßsäulen informierten über Veranstaltungen in der Stadt.
2. Sie waren bei den Leuten beliebt.
3. Herr Litfaß war bald ein gemachter Mann.
4. Heute werden wir mit Werbung und Reklame überschüttet.
5. Die Werbung will uns klarmachen, was wir kaufen sollen.
6. Sie ist ein Industriezweig mit Milliardenumsätzen geworden.
7. Selbst das Fernsehen könnte sich ohne Werbeeinnahmen nur schwer über Wasser halten.

III
Werbeslogans

L

Die Werbung nutzt Sprichwörter und Redewendungen, um unsere Aufmerksamkeit zu wecken. Finden Sie heraus, wofür hier geworben wird?

> Urlaub an der See – Schlafzimmermöbel – Zigaretten – Dachdecker – Kosmetikartikel – Bausparen – Bekleidung – Satellitenantennen

1. Wir steigen Ihnen aufs Dach. Anruf genügt.
2. Wie man sich bettet, so schläft man.
3. Jetzt 100 mm lang – damit der Geschmack nicht zu kurz kommt.
4. Wer sich liebt, der pflegt sich.
5. Der Himmel kostet nicht die Welt.
6. Erst in den eigenen vier Wänden genießen Sie das wahre Glück.
7. Meerblick für wenig Geld.
8. Von Susanna werden Sie angezogen.

IV
Versuchen Sie sich selbst!

L

Ergänzen Sie die Reklameslogans für diese Produkte.
1. Autoöl: Wer gut schmiert, der gut ___.
2. Gläser: Glück und Glas, wie leicht bricht ___.
3. Eis: Ach wie gut, daß jeder weiß, wo es gibt das gute ___.
4. Brötchen: Ofenfrisch auf den ___.
5. Kredit: So mancher Wunsch läßt sich erfüllen, bei ABC so ganz im ___.
6. Alkohol: Starke Sachen, die Laune ___.

46. Ein Nobelpreisträger

Robert Koch

Wir wissen, daß seit 1901 in jedem Jahr die herausragendsten Leistungen auf dem Gebiet der Physik, Chemie, Medizin und Literatur mit dem Nobelpreis ausgezeichnet werden. Hinzu kommt der Friedensnobelpreis für Personen oder Organisationen, die sich um die Sicherung des Friedens verdient gemacht haben.

Es gibt bis heute so viele Nobelpreisträger, daß allein die Aufzählung der Namen ein Buch füllen würde. Wir wollen deshalb stellvertretend für alle ausgezeichneten Mediziner den Arzt und Bakteriologen Robert Koch vorstellen, der den Preis als fünfter Mediziner erhielt. Vor ihm hatten der Deutsche Behring, der Brite Ross, der Däne Finsen und der Russe Pawlow den Nobelpreis für Medizin entgegennehmen können.

Robert Koch hatte zwei Leidenschaften: Reisen und Mikroskopieren. Beide haben ihm Weltruhm eingebracht.

In unermüdlicher Kleinarbeit entdeckte Koch die Erreger des Milzbrandes, einer fieberhaften Erkrankung bei Tieren, die gewöhnlich zum Tode führt.

Auf seinen Reisen nach Afrika und Asien fand er unter Einsatz seines Lebens die Erreger der Pest, der Cholera und der Schlafkrankheit. Höhepunkt seiner Arbeit war 1882 die Entdeckung des Erregers der Tuberkulose.

1910 starb der Forscher, der den „Krieg gegen die kleinsten, aber gefährlichsten Feinde des Menschengeschlechts" (Robert Koch) zu seiner Lebensaufgabe gemacht hatte.

Die **herausragendsten** Leistungen sind die besten, die bedeutendsten oder auch die wichtigsten Leistungen auf einem Gebiet.

Robert Koch wird **stellvertretend**, das heißt, er wird an Stelle der vielen anderen Mediziner genannt, die ebenfalls Hervorragendes geleistet haben.

Kochs **Leidenschaften** müssen hier als Begeisterung und wissenschaftlicher Forscherdrang verstanden werden.

Sie brachten ihm **Weltruhm** ein, das heißt Ehre und Anerkennung auf der ganzen Welt.

I
Ehrungen

$\boxed{\text{L}}$

Setzen Sie eine passende sprachliche Form in die folgenden Sätze ein.

> einen Preis erhalten – einen Preis bekommen – einen Preis empfangen – einen Preis entgegennehmen – jemandem einen Preis verleihen – mit einem Preis geehrt werden

1. Als erster Physiker ____ Conrad Röntgen den Nobelpreis.
2. Zwanzig Jahre später ____ Albert Einstein mit dem Nobelpreis ___.
3. Für Chemie ____ 1918 Franz Haber und 1944 Otto Hahn den Nobelpreis ___.
4. Aus der Hand des schwedischen Königs ____ 1912 der Dichter Gerhart Hauptmann den Preis für Literatur.
5. Dem deutschen Publizisten Carl von Ossietzky ____ 1935 der Friedensnobelpreis ___, den er aber nicht entgegennehmen konnte, da er von den Nationalsozialisten im Konzentrationslager festgehalten wurde.
6. Für seine „Politik der Versöhnung" ____ der deutsche Politiker Willy Brandt 1971 den Friedensnobelpreis.

II
Meinungen

Können Sie sich in wenigen Sätzen zu den folgenden Fragen äußern?
1. Was ist für Sie eine herausragende Leistung? Können Sie Beispiele nennen?
2. Kennen Sie jemanden, der sich um die Sicherung des Friedens verdient gemacht hat? Begründen Sie Ihre Meinung.
3. Was hatten die verschiedenen Entdeckungen Robert Kochs gemeinsam?
4. Wie ist die Formulierung „unter Einsatz seines Lebens" zu verstehen?
5. Warum wird die Entdeckung des Tuberkulose-Erregers als Höhepunkt des Lebens von Robert Koch bezeichnet?
6. Kochs Satz über die gefährlichsten Feinde des Menschengeschlechts stammt vom Anfang des 20. Jahrhunderts. Und wie sehen wir das heute am Ende des Jahrhunderts?

III
Umschreibungen

$\boxed{\text{L}}$

Wer etwas *leistet*, vollbringt eine gute Arbeit. Das Verb *leisten* dient in Verbindung mit einem Substantiv zur Umschreibung eines Verbbegriffs, z. B. *Hilfe leisten* = helfen. Suchen Sie das passende Verb, und formulieren Sie die Sätze neu.

1. Man sollte seinem Freund stets Beistand leisten.	schwören
2. Vor Gericht muß man manchmal einen Eid leisten.	verzichten
3. Wer Schaden verursacht hat, muß Ersatz leisten.	bei jemandem sein
4. Es ist schön, einem einsamen Menschen Gesellschaft zu leisten.	etwas ersetzen
5. Manchmal fällt es schwer, Verzicht zu leisten.	beistehen

Und was bedeutet die Bemerkung: „Da hast du dir ja was Schönes geleistet"?

47. Das Schloß auf dem Weinberg

Potsdam-Sanssouci

Es ist fast 250 Jahre her, daß der Preußenkönig Friedrich II. vor den Toren der Stadt Potsdam einen Weinberg entdeckte. Das Gelände eignete sich nach Meinung des Königs gut für die Anlage eines Gartens, in dem außer Wein auch Südfrüchte gedeihen könnten.

Im Jahr 1744 wurde der Weinberg, der einem Waisenhaus gehörte, gekauft. Die Arbeiten am Garten des Königs begannen. Friedrich II. persönlich soll genaue Anweisungen für die Anlage des Gartens gegeben haben. Wenn er mit seinen Soldaten im Krieg war – und das war der Preußenkönig ja sehr oft – ließ er sich ständig vom Fortgang der Arbeiten berichten.

Aus dem Weinberg wurde ein „gläserner Berg", denn man baute befestigte Terrassen, die von oben bis unten Glasfenster erhielten. So waren die Pflanzen vor Wind und Kälte geschützt. Wie berichtet wird, soll des Königs Wein aber recht sauer gewesen sein.

Das Tüpfelchen auf dem i war dann das Sommerschloß, das der Berliner Architekt Knobelsdorff auf dem Berg errichtete. Eine Freitreppe von 132 Stufen führt hinauf.

Insgesamt hat es ca. hundert Jahre gedauert, bis die gesamte Anlage der Schlösser und Gärten von Potsdam-Sanssouci das geworden ist, was jährlich zwei Millionen Besucher aus der ganzen Welt besuchen und bewundern können.

Friedrich II., auch der „Alte Fritz" genannt, war von 1740-1786 König von Preußen. Er führte zahlreiche Kriege, u. a. den siebenjährigen Krieg (1756-1763).

Man spricht davon, daß Pflanzen gut **gedeihen**, wenn sie gut wachsen und Früchte tragen.

Ein **Waisenhaus** ist ein Heim für elternlose Kinder.

Das Schloß auf dem Weinberg war die Vollendung, die Krönung des Gartens, **das Tüpfelchen auf dem i.**

Der Architekt und Maler **Knobelsdorff** (1699-1753) war ein Meister des Rokoko. Von ihm stammt auch das Opernhaus in Berlin.

I

bauen – errichten – anlegen

L

Ein Gebäude wird *gebaut* oder *errichtet,* eine Straße kann man *bauen* und *anlegen,* ein Park wird *angelegt.* Welche Verben passen im folgenden Text?
1. Friedrich II. ließ einen Garten ___ .
2. Es wurden sechs Terrassen ___ , auf denen Beete mit Pflanzen ___ wurden.
3. Zum Schutz der Pflanzen und Weinstöcke wurden Glasfenster ___ .
4. 1745/47 ___ Knobelsdorff auf dem Berg das bekannte Sommerschloß.
5. Später wurden auf dem gesamten Gelände weitere Gebäude ___ .
6. Schritt für Schritt wurde der ganze Park ___ .
7. Mit kurzen Unterbrechungen ist an der gesamten Parkanlage mit allen Schlössern, Pavillons usw. hundert Jahre lang ___ worden.

II

Nachgefragt

Können Sie Auskunft geben,
1. mit welchen beiden bekannten Persönlichkeiten Schloß und Park Sanssouci verbunden sind?
2. wem der Grund und Boden vor Baubeginn gehörte?
3. warum der Preußenkönig Friedrich II. sich so sehr um den Fortgang der Arbeiten kümmerte?
4. wie das Bild vom „gläsernen Berg" zu erklären ist?
5. was mit dem „Tüpfelchen auf dem i" gemeint ist?
6. wie lange es gedauert hat, bis Schloß und Park Sanssouci vollständig fertiggestellt waren?

III

besuchen oder *besichtigen?*

L

Ersetzen Sie die unterstrichenen Verben durch *besuchen* oder *besichtigen.*
Viele Touristen <u>fahren</u> alljährlich nach Potsdam. Dabei <u>sehen</u> sie <u>sich</u> natürlich auch Park und Schloß Sancoussi <u>an</u>. Bei ihrem Spaziergang durch die 290 ha große Anlage <u>betrachten</u> sie die zahlreichen Pavillons und die Terassen. Wer genug Zeit hat, <u>geht hinüber</u> zum Schloß Cecilienhof. Das Gebäude, in dem 1945 die Potsdamer Konferenz stattfand, kann mit all seinen historischen Einrichtungen ebenfalls <u>angeschaut</u> werden. Es ist bestimmt lohnend, Potsdam <u>zum Reiseziel</u> zu <u>wählen,</u> denn es gibt auf Schritt und Tritt etwas zu <u>bestaunen</u>.

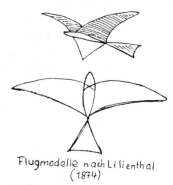

Flugmodelle nach Lilienthal
(1874)

48. Wie ein Vogel in die Lüfte steigen

Otto Lilienthal

Schon seit ewiger Zeit träumt der Mensch davon, wie ein Vogel in die Lüfte steigen zu können. Aber erst seit etwa hundert Jahren ist dieser Traum Wirklichkeit. Es war der Konstrukteur Otto Lilienthal, der als erster Mensch mit einem Flugapparat in die Lüfte stieg und fünfzehn Meter weit flog.
Schon als Kind hatte Otto Lilienthal den Flug der Möwen, der Störche und anderer Vögel beobachtet. Mit seinem Bruder baute er später verschiedene Flugapparate. Die beiden Brüder hatten zwar viele Mißerfolge, gaben aber nicht auf. Im Sommer 1891 gelang ihnen der erste Flug. Sie waren damit jedoch nicht zufrieden, forschten und arbeiteten weiter. In den folgenden Jahren segelte Otto Lilienthal schon 250 Meter weit und konnte eine volle Kurve fliegen.
Am 9. August 1896 geschah das Unglück. Otto Lilienthal stürzte bei einem Flugversuch aus fünfzehn Meter Höhe ab und verstarb an den Folgen des Unfalls. Bis zu diesem Tag hatte er über 2 000 Flüge gemacht.
Teile des zerstörten Flugapparates sind in seiner Geburtsstadt Anklam im Lilienthal-Museum zu sehen.
Schon 1889 hatte Lilienthal sein Buch „Der Vogelflug als Grundlage der Fliegekunst" veröffentlicht. Es ist heute eine begehrte Rarität, denn es war nur in tausend Exemplaren erschienen.

Otto Lilienthal wurde am 23. Mai 1848 in Anklam, einer kleinen Stadt in Mecklenburg, geboren.
Er war Ingenieur und besaß in Berlin eine Fabrik. Dort baute und verkaufte er Dampfheizungen, Dampfmaschinen und Maschinen für den Bergbau. Seine Flugversuche machte er in der Berliner Gegend, wo er sich einen fünfzehn Meter hohen Berg anlegen ließ.

I Andeutungen	Können Sie berichten, worum es sich in den folgenden Bemerkungen handelt? Im Text wird

1. von einem Traum der Menschheit gesprochen.
2. ein Flugpionier vorgestellt.
3. vom ersten Flug eines Menschen berichtet.
4. ein Unfall beschrieben.
5. die Stadt Anklam genannt.
6. von einer Rarität gesprochen.

II Korrekturen $\boxed{L}$	In den folgenden Sätzen sind falsche Angaben. Passen Sie gut auf, und korrigieren Sie die Fehler.

1. Der Mensch träumt seit hundert Jahren vom Fliegen.
2. Otto Lilienthal stieg als erster Mensch mit seinem Flugapparat fünfzehn Meter hoch.
3. Später flog Lilienthal kilometerweit.
4. Er stürzte bei einem Flug nach Paris aus 2 000 Meter Höhe ab.
5. Der zerstörte Flugapparat ist in Hamburg zu sehen.
6. Sein Buch, das er 1889 veröffentlichte, hat den Titel „Die Kunst des Vogelfluges".

III Redewendungen und Sprichwörter	Was könnten die folgenden Aussagen bedeuten?

1. Am Flug erkennt man den Vogel. (Sprw.)
2. Die Zeit ist wie im Flug vergangen.
3. Im Flug wachsen die Schwingen. (Sprw.)
4. Ihm müssen endlich mal die Flügel beschnitten werden.
5. Wer zu hoch fliegen will, fällt leicht in den Dreck. (Sprw.)
6. Wo du fliegen kannst, sollst du nicht kriechen. (Sprw.)
7. Die Frauen fliegen auf ihn.

49. Die Mutter Hidden

Wie die Insel Hiddensee entstand

Die größte und nördlichste deutsche Ostseeinsel ist Rügen. An ihrer Westküste
liegt eine achtzehn Kilometer lange schmale Insel. Über ihre Entstehung gibt es
eine schöne Sage:

Vor vielen, vielen Jahren lebten auf Rügen zwei Frauen. Die eine war arm und hatte ein gutes Herz. Die andere war reich, aber geizig. Eines Tages klopfte ein armer
alter Mann an die Tür der reichen Frau und bat um ein Nachtlager. Die Frau nahm
ihn nicht auf. Da ging der Mann zu der armen Frau. Sie gab ihm Quartier und teilte ihr Essen mit ihm. Zum Abschied sagte der Mann: „Die erste Arbeit, die du heute beginnst, soll gesegnet sein."

Die Frau bedankte sich für die freundlichen Worte und begann einen Rock zu
nähen. Sie maß und schnitt ihren Stoff, und der Stoff wurde nicht weniger.

Das hörte die reiche Frau. Sie bat den Mann am Abend in ihr Haus. Auch ihr
wünschte er am Morgen: „Was du heute beginnst, soll gesegnet sein."

Die Frau wollte ihr Geld zählen, vorher aber noch schnell der Kuh im Stall frisches
Wasser geben. Als der Eimer voll war, lief das Wasser weiter, bis das ganze Land
rings um ihr Haus überschwemmt war. Sie lebte nun fortan auf einer Insel. Da sie
Mutter Hidden hieß, nannte man die so entstandene Insel Hiddensee.

Die Insel **Rügen** ist ca. 926 Quadratkilometer groß und hat etwa 85 000 Einwohner. Neben den Orten Bergen, Putbus und Saßnitz gibt es auf der Insel zahlreiche
Ostseebäder. Am nördlichsten Punkt liegt Kap Arkona.

Wer **geizig** ist, denkt nur an sich selbst und gibt anderen nicht gern etwas ab.

Gesegnet gehört zum religiösen Sprachgebrauch und heißt soviel wie „von Gott
belohnt, in Gottes Händen liegend".

Ein Fluß kann über die Ufer treten, er **überschwemmt** dann das Land (**die Über-
schwemmung**).

I
Im Lexikon ge-
blättert

Stellen Sie mit Hilfe der folgenden Notizen die Insel Hiddensee vor.

> Hiddensee: 18,6 km² groß – ca. 1 200 Einwohner – seit Ende des 19. Jh. Ur-
> laubs- und Erholungsgebiet – u. a. Thomas Mann (dt. Schriftsteller, 1875-1955)
> und Gerhart Hauptmann (dt. Dichter, 1862-1946) oft Gäste – Dörfer: Kloster,
> Vitte, Neuendorf – besonders reiche Flora und seltene Vögel – weite Natur-
> schutzgebiete – auf der Insel keine Autos erlaubt

II
Zwei Frauen und
ein alter Mann

Bestimmen Sie, welche der drei Personen zu den folgenden Aussagen passen. Bilden Sie entsprechende Sätze.

> | die zwei Frauen | auf einer Insel leben |
> |---|---|
> | die eine | arm sein, aber ein gutes Herz haben |
> | die andere | reich und geizig sein |
> | der alte Mann | an die Tür klopfen und um ein Nachtlager bitten |
> | | nicht aufnehmen |
> | | Quartier geben und sein Essen teilen |
> | | sich bedanken und etwas wünschen |
> | | sich einen Rock nähen |
> | | sein Geld zählen |

III
Zum Nacher-
zählen

Geben Sie die Sage wieder. Vielleicht helfen Ihnen die Notizen der letzten Aufgabe?

50. Zu wörtlich genommen

Till Eulenspiegel

Anfang des 14. Jahrhunderts lebte im norddeutschen Raum ein junger Mann, der auf seinen Wanderungen den Menschen gern einen Streich spielte. Er hatte seinen Spaß daran, die Leute zum Narren zu halten. Bis heute ist er überall als „Till Eulenspiegel" bekannt. Seine zahlreichen Streiche kennen wir aus alten Volksbüchern. Einmal, so lesen wir, begegnete ihm auf der Landstraße ein Meister, der ihn zur Arbeit anstellen wollte. Dieser sagte zu Eulenspiegel: „Gehe schon voraus; du wirst mein Haus am Markt leicht finden. Es hat große Fenster. Da gehe hinein und warte!"
Eulenspiegel fand das Haus, stieg durch das Fenster, wie der Meister gesagt hatte. Die Scheibe zerbrach, aber er war im Haus und wartete. Als der Meister kam, sah er den Schaden und rief: „Gehe des Weges, den du gekommen bist, ich will dich nicht wieder sehen!"
Da stieg Eulenspiegel wiederum durchs Fenster, er ging nämlich genau des Weges, den er gekommen war. Er lachte nur und plante sicher schon wieder den nächsten Streich.
In Mölln bei Lübeck ist Till Eulenspiegel 1350 gestorben. Auf dem Marktplatz steht ein Eulenspiegelbrunnen, und auf dem Friedhof findet man einen Grabstein mit seinem Namen und seinem Zeichen: eine Eule und ein Spiegel.

Eulenspiegel **spielte** gern jemandem **einen Streich**, d. h., er ärgerte gern andere und freute sich darüber.
Er **hielt** jemanden **zum Narren**, er machte sich seinen Spaß mit anderen, meist zu deren Schaden.
Gehe des/deines Weges ist eine alte sprachliche Form und heißt soviel wie „Geh weg, geh fort!" oder umgangssprachlich „Mach, daß du wegkommst!"

I
Sind Sie im Bilde?

Informieren Sie Ihre Freunde,
1. ... wann Till Eulenspiegel gelebt hat.
2. ... wo er seine Streiche verübt hat.
3. ... warum er das machte.
4. ... woher wir von seinen Streichen wissen.
5. ... wo er gestorben ist.
6. ... was in Mölln an Eulenspiegel erinnert.

II
Eulenspiegel und
der Meister

[L]

ihn oder *ihm?*
1. Eulenspiegel war unterwegs, da begegnete ___ auf der Landstraße ein Meister.
2. Der fragte ___, ob er bei ___ arbeiten möchte.
3. Eulenspiegel antwortete ___: „Gerne, Meister, wo ist euer Haus?"
4. Der Meister erklärte es ___.
5. Till versprach dem Meister, im Haus auf ___ zu warten.
6. Als der Meister kam, jagte er ___ wieder davon, denn der Schalk hatte ___ zum Narren gehalten.

III
Till Eulenspiegel
als „Philosoph"

Wenn Eulenspiegel mit anderen wanderte, war er fröhlich, solange es bergauf ging. Kleinlaut wurde er aber, wenn der Weg bergab führte. Auf die Frage seiner Wandergesellen, warum er bergauf gute, bergab aber schlechte Laune habe, antwortete er: „Wenn wir den Berg hinaufgehen, freue ich mich, wie leicht wir es haben, den Berg hinunter zu laufen. Aber abwärts weiß ich, daß bald wieder ein Aufstieg kommt". Und er fügte hinzu: „Wir sollten nicht nur an die Gegenwart denken, sondern auch schon an die Zukunft."

Erzählen Sie diese kleine Geschichte mit Ihren Worten.

L Lösungsschlüssel

Betrachten Sie die hier gegebenen Lösungen bitte nur als Anregungen. Für die eine oder andere Aufgabe finden Sie vielleicht auch eine andere sprachliche Form.

Text 1, Übung III:

1. Mit bequemen Schiffen kann man zur Insel Helgoland hinüberfahren.
2. Sie bietet mit ihrem Strand, dem Klima, ihrer Luft und dem sauberen Wasser einen erholsamen Aufenthalt.
3. Auf der Insel kann man faul in der Sonne liegen und (in der Nordsee/in der Meeresschwimmhalle) baden.
4. Wer möchte, kann auf der zwei Quadratkilometer großen Insel wandern gehen.
5. Das Aquarium, die Vogelwarte und das Naturschutzgebiet sind sehr interessant.
6. Eine Bootsfahrt um die Insel herum ist bei Touristen ebenfalls sehr beliebt.

Text 2, Übung III:

Kunde:
– Ich hätte/möchte gern ein Geschenk.
– Für einen Herrn.
– Eher ein (an) Schmuckstück.
– Ach nein, keine Kette.
– Warum nicht? Wie teuer sind diese hier?
– Oh, dieser Ring gefällt mir besonders gut. Was kostet der?
– Den nehme ich!
– Nein danke.
– Auf Wiedersehen!

Text 3, Übung I:

1. Natürlich wird das Porzellan am Tag (oder einige Tage) *vor der Hochzeit* zerschlagen.
2. Sie feiern nicht *in aller Stille,* sondern laden Freunde und Verwandte ein und feiern lustig und ausgelassen. Nicht von ihren Familien, sondern *vom Junggesellenleben* nehmen sie Abschied.
3. Nicht *Braut und Bräutigam,* sondern die Gäste und Nachbarn zerschlagen das Geschirr und wünschen damit *dem Brautpaar* Glück.
4. Braut und Bräutigam räumen es *gemeinsam* weg.
5. „Glück und Glas, wie *leicht* bricht das.“

Text 4, Übung II:

1. Im Gegenteil, *sie fahren hinaus,* denn die Natur ist *voll* erblüht.
2. Das stimmt nicht, denn es ist erst *seit dem 3. Jahrhundert* als religiöses Fest bekannt.
3. Nein, zu Pfingsten sind *weniger* Sitten und Bräuche bekannt als zu Ostern und Weihnachten.
4. Der Brauch vom Pfingstochsen ist im Weserbergland in den 30er Jahren *wieder eingeschlafen.*
5. Nicht attraktiv und modern gekleidete, sondern *geschmacklos* und *auffallend bunt* gekleidete Menschen bezeichnet man als Pfingstochsen.

Text 4, Übung III:

1. vor
2. zu
3. vor, nach
4. nach
5. zu
6. vor
7. nach

Übrigens: Das passiert niemals.

Text 6, Übung I:

1. ein Name, den kaum jemand kennt
2. eine Dichterin, die zu den bekanntesten gehört
3. ihre Balladen, die voller Phantasie sind
4. ihre Lyrik, die die Natur sehr realistisch wiedergibt
5. eine Kriminalgeschichte, die zu den ersten in deutscher Sprache gehört
6. ein Wert, der nicht vergeht

Text 6, Übung III:

1. „Faust", Johann Wolfgang von Goethe
2. „Die Judenbuche", Annette von Droste-Hülshoff
3. „Die Glocke", Friedrich Schiller
4. „Die Buddenbrooks", Thomas Mann
5. „Mutter Courage", Bertolt Brecht
6. „Schneewittchen", Gebrüder Grimm
7. „Effi Briest", Theodor Fontane

Text 7, Übung II:

1. … ein Fahrzeug, mit dem Braut und Bräutigam zur Trauung fahren.
2. … Blumen, die die Braut zur Trauung bekommt.
3. … ein Kleidungsstück, das die Braut am Hochzeitstag trägt.
4. … Dinge, die das Brautpaar zur Hochzeit geschenkt bekommt.
5. … eine Fahrt, die Braut und Bräutigam nach der Hochzeit antreten.
6. … Verwandte und Freunde, die an der Hochzeitsfeier teilnehmen.

Text 8, Übung II:

1. Karnevalsvereine
2. Karnevalsveranstaltungen
3. Karnevalsprinzessin
4. Karnevalsumzug
5. Karnevalsstimmung

Text 10, Übung I:

2. Der Rhein mündet natürlich in die Nordsee.
4. Der Felsen ist 132 m hoch.
6. Die Sage stammt nicht von Heinrich Heine, er hat sie aber für sein Gedicht verwendet.
7. Das stimmt wohl auch nicht! Fahren Sie doch einfach an den Rhein, und sehen Sie selbst nach.

Text 11, Übung I:

1. eine große Not
2. ein geiziger Bischof
3. armen Bewohner
4. der grausame Bischof
5. die hungrigen Menschen
6. keine ruhige Minute
7. bei lebendigem Leibe

Text 11, Übung II:

1. Bei Bingen mitten im Rhein steht der Mäuseturm.
2. Er wurde um das Jahr 1000 gebaut.
3. Der Bischof Hatto von Mainz war der Sage nach durchaus nicht beliebt.
4. Er gab ihnen kein Brot, sondern ließ sie verbrennen.
5. Die Mäuse kamen später und fraßen den Bischof auf.
6. So hieß der Bischof, der Turm heißt heute „Mäuseturm".

Text 12, Übung II:

1. Ein Buchhalter ist ein kaufmännischer Angestellter.
2. Der Buchfink ist ein Singvogel.
3. Einen Bücherwurm nennt man volkstümlich jemanden, der sehr viel liest. (auch Büchernarr)
4. Die Buchführung ist im Geschäftsleben das Aufschreiben aller Einnahmen und Ausgaben.
5. Bucheckern sind die Früchte der Buche.
6. Buchweizen ist eine Pflanzenart.

Text 12, Übung III:

1. a)
2. b)
3. b)
4. a)
5. b)

Text 13, Übung I:

Telefon, Telefonzelle, Telefonnummer, Telefonbuch, Münztelefon, Telefonkarte, wählt, Besetztzeichen, Gespräch, Verbindung

Text 13, Übung II:

1. Markus sammelt Bücher.
2. Gabi sammelt Münzen.
3. Sara sammelt Puppen.
4. Mike ist Philatelist (Briefmarkensammler).
5. Rudi sammelt Uhren.
6. Kristina sammelt Ansichtskarten.

Text 14, Übung II:

1. kräht
2. gackern
3. bellen

4. singt, pfeifen
5. ruft
6. blökt
7. miaut

Text 14, Übung III:

1. der Wecker
2. die Stoppuhr
3. die Küchenuhr
4. die Digitaluhr
5. die Sonnenuhr
6. die Spieluhr
7. die Funkuhr

Text 15, Übung I:

1. Den Bodensee nennt man auch *Schwäbisches Meer.*
2. Nach Österreich und in die Schweiz gelangt man von Deutschland aus mit einer *Fähre.*
3. Der Rhein fließt *durch* den Bodensee.
4. Nicht das Klima, aber die *Vegetation auf der Insel Mainau* ist subtropisch.
5. Urlaub am Bodensee ist *ziemlich teuer.*
6. Die bekannte Alpenstraße beginnt an der *Ostspitze* des Sees.

Text 15, Übung II:

1. b)
2. b)
3. a)
4. b)
5. a)

Text 16, Übung II:

1. … verurteilt, weil er einen Diebstahl begangen hatte.
2. … schenken, da der Bäcker ein rechtschaffener Mann war.
3. … Zeit, um in seiner Backstube probieren zu können.
4. … zurück, denn er hatte die Aufgabe erfüllt.
5. … Öffnungen, als er die Brezel gegen das Licht hielt.
6. … behaupten, daß ein Mönch die Brezel erfunden habe.

Text 17, Übung II:

1. erfunden, entdeckte
2. erfunden, erfand

3. erfunden
4. entdeckt, entdeckten
5. erfand
6. erfand
7. erfand, entdeckte

Text 17, Übung III:

1. Conrad Röntgen entdeckte die Röntgenstrahlen.
2. Otto Hahn entdeckte die Kernspaltung.
3. Der Amerikaner Morse erfand die Telegrafie.
4. Mendelejew und Julius Meyer entdeckten das Periodensystem der Elemente.
5. Robert Koch entdeckte den Erreger der Tuberkulose.
6. Peter Henlein erfand die Taschenuhr.
7. Der Forstmeister Friedrich Drais erfand das Fahrrad.
8. Otto von Guericke erfand die Luftpumpe.

Text 18, Übung I:

1. feiern
2. läuten
3. machen
4. suchen
5. finden
6. versteckt

Text 18, Übung II:

1. Das Osterfest ist sehr *traditionsreich*.
2. Auch der Hase *ist* zu Ostern *sehr wichtig*.
3. … werden *zusammen/gemeinsam* erwähnt.
4. … sollte man *nicht wörtlich nehmen*.
5. … eigentlich niemanden *belügen*.

Text 19, Übung I:

1. … ein Mittelgebirge, das stark bewaldet ist/in dem es viel Wald gibt/dessen Berge rundum von Wäldern bedeckt sind.
2. … ein Wald in seiner ursprünglichen Form, ohne Einfluß und Eingriff des Menschen.
3. … in einem Gebiet, das durch einen Zaun/ein Gitter begrenzt ist.
4. … durch riesige Wälder wandern, auf Berge steigen und sich in der Natur erholen.
5. … sie liegt am Zusammenfluß dreier Flüsse.

Text 19, Übung II:

1. fahren
2. wandern (gehen)
3. steigen
4. gehen (wandern)
5. besuchen

Text 19, Übung III:

1. Waldtiere
2. Waldfrüchte
3. Waldluft
4. Moorwege
5. Waldgeister
6. Waldeinsamkeit
7. Waldschäden, Waldsterben
8. Waldhütten

Text 20, Übung I:

1. Der Fichtelberg gehört zu Sachsen …
2. Den Ort Fichtelberg findet man …
3. Die Einwohner Fichtelsbergs leben …
4. Die Besucher des Fichtelbergs wohnen …
5. Bei gutem Wetter hat man vom Fichtelberg aus …
6. Die Gäste in Fichtelberg müssen auf den Schneeberg steigen, …
7. Obwohl der Ort und der Berg einen Artikel haben, wird der Fichtelberg mit, Fichtelberg aber ohne Artikel gebraucht.

Text 20, Übung II:

1. Vom
2. auf den
3. um den
4. In
5. nach
6. durch
7. vom, nach
8. ohne

Text 21, Übung III:

1. Wir haben ihn sofort akzeptiert, ihn zu unserer Vertrauensperson gemacht.
2. Er ist ca. 35 Jahre alt.

3. Er rät uns immer, weder extrem nach der einen oder der anderen Seite zu entscheiden.
4. Er erzählt gern von China, wo er einige Jahre gelebt hat.
5. Wenn er sagt: „Ab durch die Mitte", dann sollen wir schnell verschwinden.

Text 22, Übung II:

1. Deutsch, Deutschen
2. Deutschen, Deutsch lernende
3. Deutsch
4. Deutsch
5. Deutsch, Deutsch
6. Deutschlerner, deutsch, Deutsch

Text 23, Übung I:

1. Thüringen
2. 900 Jahre
3. „Tannhäuser"
4. Landgräfin
5. Luther-Stube
6. Wartburgfest

Text 24, Übung II:

1. Märchenfilme
2. Märchensammlung
3. Märchengestalten
4. Märchenoper
5. Märchenland
6. Märchenbuch

Text 24, Übung III:

1. Deine Reise muß ja wirklich einmalig/wunderschön gewesen sein.
2. Hör' doch auf zu lügen!
3. … er wollte mir etwas weismachen/mich belügen, warum er …
4. … ein einmaliges/unvorstellbares Glück …
5. Es war dort so schön, gar nicht wie in der Wirklichkeit.
6. Sie hat den Mann fürs Leben gefunden, den Mann, den sie sich immer gewünscht hat.

Text 25, Übung I:

1. Der Lehrer gab seinem Schüler Aufgaben, die ihn besonders forderten.
2. Gauß brauchte an der Universität keine Studiengebühr zu bezahlen.
3. Er fand eine Methode, alle regelmäßigen Vierecke mit Zirkel und Lineal zu konstruieren.
4. Er wurde später Professor an der Universität Göttingen.
5. Er schrieb alle für ihn wichtigen Ereignisse auf.
6. Der 10 DM-Schein trägt sein Bild.

Text 27, Übung I:

1. Was war das Besondere an Dorothea Erxleben?
2. Wer mußte ihr das Studium erlauben?
3. Warum war die Erlaubnis des Königs notwendig?
4. Wie verhielten sich die Ärzte der Stadt ihr gegenüber?
5. Konnten die Ärzte ihre Forderung durchsetzen?
6. Wann hat Frau Dr. Erxleben in Quedlinburg als Ärztin gearbeitet?

Text 27, Übung III:

- Der Chefarzt leitet eine Klinik oder ein Krankenhaus.
- Die Zahnärztin erlöst uns von Zahnschmerzen.
- Zum Augenarzt müssen wir gehen, wenn wir Sehstörungen haben.
- Bei der Kinderärztin sind unsere Kleinen gut aufgehoben.
- Um Schlafstörungen, Nervosität und psychische Krankheiten kümmert sich die Neurologin.
- Hunde, Katzen, aber auch Elefanten und Löwen gehören ins Fachgebiet des Tierarztes.
- Fußballer kommen ohne den Sportarzt kaum noch aus.

Text 29, Übung I:

1. Goethe
2. zum Ehrenmitglied der Akademie der Naturforscher
3. den Zwischenkiefernknochen
4. Darwin
5. Sein Talent zum Malen und Zeichnen
6. von Johann Wolfgang von Goethe

Text 29, Übung II:

die Optik – die Farbenlehre
die Mineralogie – Erze, Edelsteine, Kristalle usw.
die Geologie – die Entstehung unserer Erde
die Anatomie – der Körperbau von Mensch und Tier

die Physiologie – die Lebensvorgänge in lebenden Organismen
die Chemie – das Periodensystem der Elemente
die Literatur – Erzählungen, Romane und Gedichte
die Malerei – eine Gattung der bildenden Kunst

Text 30, Übung III:

1. Bei Schwarzenberg im Erzgebirge erfreuen sich die Menschen von Juni bis September an der weißer Blütenpracht.
2. Im Mittelmeergebiet wachsen Korkeichen.
3. Die Stämme dieser Bäume wurden vor 150 Jahren mit Pferdewagen transportiert.
4. An den Südhängen fanden die Samen der Blume günstige Voraussetzungen sich auszubreiten.
5. Auch Pflanzen brauchen also gute Lebensbedingungen.
6. Korkfabriken gibt es im Erzgebirge nicht mehr, aber das „Edelweiß" blüht noch jedes Jahr.

Text 30, Übung IV:

1. b)
2. a)
3. a)
4. b)
5. a)

Text 31, Übung I:

Schon Ende November wird der Weihnachtsmarkt eröffnet.
Der geschmückte und mit Kerzen behängte Weihnachtsbaum erfreut jung und alt.
Auf die Weihnachtsgeschenke freuen sich vor allem die Kinder, die Erwachsenen aber auch.
Der Weihnachtsabend ist der Abend des 24. Dezembers.
Der Weihnachtsmann ist schon sehr alt und einen weißen Bart.
Die Weihnachtsstimmung wird immer größer, je näher das Fest rückt.

Text 31, Übung II:

1. Weihnachtsgans, Weihnachtsstollen
2. Räuchermännchen, Nußknacker
3. Weihnachtspyramide
4. Schwibbogen
5. Tannenbaum, Christbaumschmuck

Text 32, Übung I:

1. Südlich von Dresden, zwischen Pirna und der Tschechischen Republik, liegt …
2. Nur etwa 300 bis 400 Meter hohe Felsen liegen …
3. Wanderwege führen durch das Gebirge, aber nicht auf die Felsen.
4. Die Touristen und Wanderer hinterlassen leider ihre Spuren, deshalb ist die Natur gestört.
5. In Kürze soll die gesamte Sächsische Schweiz zum Nationalpark erklärt werden, bisher ist es nur ein Teil des Gebirges.
6. Die Sächsische Schweiz ist ein beliebtes Ziel für Bergsteiger.

Text 32, Übung II:

1. … ist eine besonders schöne Landschaft/Gegend in Sachsen.
2. … sind besonders zum Klettern geeignet.
3. Das kleine Gebirge ist in Gefahr, seine Natur wird zerstört.
4. … bleibt nicht ohne negative Folgen.
5. … verhalten sich oft rücksichtslos gegenüber der Umwelt.
6. Es wird nicht mehr in den Kreislauf der Natur eingegriffen.
7. … wird erwartet, daß sie Rücksicht auf die Natur nehmen.

Text 33, Übung III:

1. 25. Januar
2. die Kinder
3. aufs Fensterbrett
4. Gebäck, Süßigkeiten
5. die Vögel
6. ein Umzug
7. Braut, Bräutigam, ein Vogelkostüm
8. die Erwachsenen

Text 34, Übung II:

1. Wahrzeichen
2. wundern sich über
3. gebaut
4. gestört
5. erhalten, verwendet

Text 35, Übung II:

1. Wo wird das Kaolin gewonnen?
2. Wo liegt Seilitz?
3. Wie tief liegt der Rohstoff/das Kaolin?
4. Wie erreichen die Bergleute den Stollen?

5. Womit wird das Kaolin dann gemischt?
6. Was wird in Meißen hergestellt?
7. Welches Markenzeichen hat das Meißner Porzellan?

Text 35, Übung III:

1. ..., dürfen immer nur zwei Bergleute unter Tage sein.
2. ..., brechen sie das Kaolin aus der Erde.
3. ..., wird es sortiert und ausgefahren.
4. ..., wird er mit Feldspat und Quarz gemischt.
5. ..., werden Geschirr, Gefäße und Figuren geformt.
6. ..., beginnen die Porzellanmaler ihre Arbeit.

Text 36, Übung I:

ein *Namensvetter* – ein Mensch mit dem gleichen Namen, ohne das er mit dem anderen verwandt ist.
ein *Künstlername* – der Name, den sich ein Künstler zulegt (Pseudonym).
der *Namenstag* – nach dem Kalender der Geburtstag des Heiligen, dessen Namen man trägt (meist von Katholiken gefeiert).
das *Namensschild* – Tisch- oder Türschild mit dem eigenen Namen. Auf Versammlungen trägt man ein Namensschild gut sichtbar an der Kleidung.
ein *gutes Namensgedächtnis* – Fähigkeit, sich Namen gut merken zu können.
der *Namenszug* – die Unterschrift, das Signum.

Text 36, Übung II:

1. b)
2. a)
3. b)

Text 37, Übung I:

1. Nein, es wird zur Aufnahme neuer Mitglieder in die Zunft durchgeführt.
2. Der ehemalige Lehrling wird nach der Gesellenprüfung getauft.
3. Das stimmt nicht. Er gibt nur das Zeichen zur Taufe.
4. Den Schluck muß er vor der Taufe trinken.
5. Er springt nicht in die Bütte, sondern wird hineingeworfen.
6. Er erhält den Gautschbrief, wenn er in voller Kleidung aus der Bütte steigt.

Text 38, Übung III:

1. Bach komponierte nicht nur kirchliche Musik, sondern schuf auch weltliche Werke.
2. Er bekam nicht nur Unterricht vom Vater, sondern besuchte auch das Lyzeum in Ohrdruf.

3. Bach war später nicht nur Organist in Arnstadt, sondern auch in Mühlhausen und Weimar angestellt.
4. In Leipzig war er nicht nur Thomaskantor, sondern auch städtischer Musikdirektor.
5. Er hat dort nicht nur den Thomanerchor geleitet, sondern auch in Leipziger Kaffeehäusern gespielt.

Text 39, Übung I:

1. vermißte, verdächtigte
2. gestohlen
3. beteuerte seine Unschuld
4. angeklagt, verurteilt
5. vollstreckt
6. erinnert

Text 41, Übung I:

1. Donnerstag
2. Vatertag
3. Ausflüge
4. Pferdewagen, Ruderboot, Auto
5. kräftigen Schluck
6. Spaß
7. Wiesen, gesund, schön
8. Kränze
9. Krankheit, Schaden

Text 42, Übung I:

1. Kahnfahrt
2. Lebensadern
3. Spreewaldfahrt
4. Spreewalddörfer
5. Radwanderung
6. Spreewaldbesuch

Text 43, Übung II:

1. wurde, gebaut
2. wurde, transportiert
3. wurde, gebracht
4. wurde, zerstört
5. wurden, gestaltet
6. wurde, beschädigt

Text 43, Übung III:

der Kölner Dom
der Eiffelturm in Paris
die Tower-Bridge in London
die Freiheitsstatue in New York
das Brandenburger Tor in Berlin
das Goethe- und Schiller-Denkmal in Weimar

Text 44, Übung I:

1. wegen
2. durch
3. wegen
4. wegen
5. durch
6. wegen
7. durch
8. wegen

Text 44, Übung III:

1. Er hat mit den Behörden seinen Spaß getrieben.
2. Er hat den preußischen Militarismus lächerlich gemacht.
3. Er hat dabei alles riskiert.
4. Alle Welt lachte über seinen Streich.
5. Zuletzt hat er schadenfroh gelacht und seinen Vorteil daraus gezogen.
6. Für den Rest seines Lebens war er alle Sorgen los, weil er mit seiner Geschichte viel Geld verdient hatte.

Text 45, Übung II:

1. Worüber informieren die Litfaßsäulen?
2. Bei wem waren sie beliebt?
3. Welchen Vorteil hatte Herr Litfaß davon?
4. Was hat sich heute daran geändert?
5. Was will uns die Werbung klarmachen?
6. Was ist die Werbung geworden?
7. Was wäre das Fernsehen ohne die Werbung?

Text 45, Übung III:

1. Dachdecker
2. Schlafzimmermöbel
3. Zigaretten
4. Kosmetikartikel

5. Satellitenantennen
6. Bausparen
7. Urlaub an der See
8. Bekleidung

Text 45, Übung IV:

1. fährt
2. das
3. Eis
4. Tisch
5. Stillen
6. machen

Text 46, Übung I:

1. erhielt/bekam
2. wurde, geehrt
3. nahmen, entgegen
4. empfing
5. wurde, verliehen
6. erhielt/bekam

Text 46, Übung III:

1. Man sollte seinem Freund stets beistehen.
2. … muß man manchmal schwören.
3. … muß den Schaden ersetzen.
4. … bei einem einsamen Menschen zu sein.
5. Manchmal ist es schwer zu verzichten.

Text 47, Übung I:

1. anlegen
2. gebaut, angelegt
3. gebaut/errichtet
4. errichtete/baute
5. gebaut
6. angelegt
7. gebaut

Text 47, Übung III:

… besuchen alljährlich Potsdam.
Dabei besichtigen sie auch Park …
… große Anlage besichtigen sie die …

Wer genug Zeit hat, besucht …
… ebenfalls besichtigt …
zu besuchen, denn es gibt … etwas zu besichtigen.

Text 48, Übung II:

1. Der Mensch träumt schon seit ewiger Zeit davon.
2. Über die Höhe des ersten Fluges ist nichts gesagt.
3. Er war 250 Meter und nicht kilometerweit geflogen.
4. Lilienthal stürzte aus 15 Meter Höhe ab.
5. In Anklam sind Teile des zerstörten Flugapparates zu sehen.
6. Sein Buch hat den Titel „Der Vogelflug als Grundlage der Fliegekunst".

Text 50, Übung II:

1. ihm
2. ihn, ihm
3. ihm
4. ihm
5. ihn
6. ihn, ihn

Quellen

Texte

Die Texte wurden frei gestaltet. Fakten und Zahlen wurden aktuellen Tageszeitungen, Wochenschriften und anderen Broschüren entnommen.

Verwendete Literatur und Nachschlagewerke:

Hersg. Bertelsmann, Universallexikon, Gütersloh 1990
BI Universallexikon, Bibliographisches Institut Leipzig 1985
Grieben, Reiseführer, Romantische Städte in Deutschland, Stuttgart-Wien-Bern
Sohnrey und Kasebeers, Deutscher Sagenschatz, Wiesbaden 1909
Ludwig Bernstein, Deutsche Sagen und Märchen, Berlin und Weimar 1980
M. Richter, kurz belichtet, Leipzig 1990
Richter/Liskova, kurz und bündig, Leipzig 1985
Fränkischer Sparkassenkalender 1987
Hrsg. Fichtelgebirge – Ein Ratgeber, Fichtelberg 1991
Hrsg. Erlebnis München, München 1988
Land und Leute, Zeitschrift der ev. Landvolkarbeit in Bayern 1991
Hrsg. Heidelberg-Bergstraße-Odenwald, München 1963
Rolf Dircksen, Das Wattenmeer, München 1959
Gerhard Wahrig, Deutsches Wörterbuch, Gütersloh/München, 1986/1991
Günter Kempcke, Handwörterbuch der deutschen Gegenwartssprache, Berlin 1984
Hans und Annelies Beyer, Sprichwörterlexikon, Leipzig 1985
DUDEN, Redewendungen und sprichwörtliche Redensarten, Meyers Lexikonverlag Mannheim-Leipzig-Wien-Zürich 1992

Abbildungen

Zeichnungen von Gabriele Richter, Leipzig